スティーヴン・S・コーエン
J・ブラッドフォード・デロング

アメリカ経済政策入門

建国から現在まで

上原裕美子訳

みすず書房

CONCRETE ECONOMICS

The Hamilton Approach to Economic Growth and Policy

by

Stephen S. Cohen
J. Bradford DeLong

First published by Harvard Business Review Press, 2016

ジュリアとエリノアに。
そして
アン・マリー、マイケル、ジャンナに。

アメリカ経済政策入門▒目次

序

本書は重要な事実を新しく提示するものではない。新しい経済理論を組み立てるつもりもない。新しいデータの分析も披露しない。新しい統計ツールも使わない。こうしたことをうっかり盛り込んでいるとしたら、それはある意味で我々著者の失敗だ。もちろん、本書が受け入れがたく、読むに堪えず、楽しむ余地もなかったとしたら、まちがいなくそれは我々の失敗だ。

本書が提示する議論は、どれも広く充分に知られている内容ばかりである。少なくともかつてはよく知られていたはずだった。だが最近では、そのほとんどが忘れられているように見える。だから本書はある重要な仕事を担いたい――大がかりな経済政策を作る政府と、ビジネス機会を求める起業家たちが愛情を介在させることなく繰り広げるダンスが、アメリカ経済をどのように作り変え、再活性化してきたか、それをシンプルかつ具体的な言葉で思い出させるという仕事だ。

そういう意味で本書のテーマは政府と起業家精神である。しかし、起業家精神あふれた経済でこの国を繁栄させていくためにはさまざまな自由と、保護と、インセンティブが整った環境が必要である――と述べる根強く流布した見解を焼き直すつもりはない。そうした主張は自明のものだ。

本書はまた異なる側面から、政府と起業家精神が織りなすきわめて重要な相互作用について語ろうとしている。

アメリカ合衆国の政府は、これまでに何度も新しい経済空間を開いてきた。政府によるお膳立てと支援を受けた起業家たちが、その空間になだれこみ、イノベーションを起こし、その空間を拡大して、徐々に経済の姿を作り変えていった。これが一度ならず何度も、つねに実利《プラグマティック》にのっとって繰り返されてきたのだ。開くべき経済空間は明確に選択されていたように見えるし、追求していくための手段——たいていは力をもった利益集団が有利になるのだが——も、一部の賢い経済学者や厳選された委員会によって考え出される妙案などではなかった。純粋な理論だろうが、理論を装ったものであろうが、とにかくイデオロギーが指針となることはなかった。アメリカの長い経済史におけるすべての経済再設計は——もっとも最近におこなわれた１回は例外だ。このときは実利ではなくイデオロギーに動かされていた——実際にきわめてポジティブな結果を引き出してきた。

グローバルに俯瞰するならば、3世紀前の世界の高度文明は、繁栄という面でおおむねどこも等しい状態だった。現在は北大西洋国家（日本やオーストラリアのような「名誉」北大西洋国家を含む）が、最低でも5倍はリッチになっている。この分岐の圧倒的大部分は経済政策によるものだ。第二次世界大戦後の西ヨーロッパの復興、１９７５年以降の中国の台頭、そして１９１３年以降のアルゼンチンの相対的経済衰退は、いずれも良きにつけ悪しきにつけ経済政策によってほぼ全面的に推し進められてきた。真面目に考えればその点で異論が出ることはない。

こうした世界の歴史を見ても、経済政策が何よりものを言うことは明らかである。成功している経済圏においては、権威の椅子に座った狂人が響かせる一声ではなく、学者の啓蒙家が決める教義でもなく、あくまで現場で生産性向上に努める人々のためにをすればよいのか、その点に主眼を置いた経済政策がとられている。それは経済の歴史を読めば学べることだ。正しい経済政策をもつこと――そして、国家が正しい経済政策をもつための正しい政治経済をもつこと――が、今も、これまでも、繁栄創出にあたって非常に重要なのである。しかしグローバルな俯瞰からは、「正しい経済政策をもつ」というのがいったい何を意味するのか、それはどうすればもてるものなのか、詳細は充分には見えてこない。

焦点を絞ってみなければ、それらは見えてこない。

そこで本書はアメリカに焦点を置く。国民にとってはありがたいことに、アメリカはまちがいなく、経済政策が過去数世紀にわたってもっとも成功してきた国家だ。

そのアメリカに視線を向ければ、見えてくるのは一つの経済政策設計ではなく、むしろ度重なる再設計の経緯である。経済環境と、中期的な経済成長を最大限に引き出す政策のあり方がシフトするとともに、この国の経済は何度となく作り変えられてきた。

最初の、そして最重要の再設計を担ったアーキテクトであるアレグザンダー・ハミルトンに始まり、エイブラハム・リンカーンと共和党政権、セオドア・ルーズヴェルト、フランクリン・ルーズヴェルト、そしてドワイト・アイゼンハワーのもとにおいても、つねにアメリカ政府が指揮を執ることで、新しい経済空間が開かれてきた。経済再設計は意識的におこなわれるものだ――あくまで実利的に、イデオロギーには流されずに。アメリカが最後に迎えた経済再設計を除き、こうした取り組みは大きな成功を収めている。

私たちは歴史を忘れている。本書の目的は、私たちにアメリカの歴史を思い出させることだ。

はじめに

成功している経済圏には共通点がある。経済政策が実利的《プラグマティック》であることだ。イデオロギーではなく、抽象論でもない、がっちりと具体性のある経済政策が整えられてきたことだ。

アメリカ合衆国もしかり。この国は建国当初から、自国の経済を新しい成長の方向性へ――次なる機会をはらんだ経済空間へ――シフトさせるべく、そのつど新たな政策を整えてきた。いずれも大きく舵を切る方向転換だ。それは社会的選択であって、おのおのの目標をめざす個人の選択が無数に集まるなかから自然と生じてきたわけではない。思慮なき進化がもたらした迷走の産物でもない。経済の方向転換はつねに知をもって設計されてきたのである。

設計図を引くのは政府だ。そして、たいていは幅広い支持層をもったパワフルな政治勢力が、政府が描いた設計を支え推進する。自国経済はかくのごとく変わらねばならぬという共通ビジョンがあり、それが道しるべの役割を果たす。そのうえで起業家たちの活動とエネルギーによって転換が実現し、広がり、目覚ましい変容を遂げる。経済の新しい方向性は、イデオロギーによってではなく、あくまで実利で選択され、具体的に提示されてきた。「我々は今後こうなっていく」という具合に先を見据えることができていた。

後述するが、現時点から見て最後の経済再設計、すなわち1980年代に始まった方向転換は、その限りではなかったことがわかる。

もちろん「見えざる手」の働きもあった。起業家たちのイノベーションやエネルギーもあった。しかし政府は一度ならず、二度ならず、見えざる手をつかんでは持ちあげ、その手が手品を発揮するかもしれない場所から別の位置へと置き直した。そして進むべき方向を指示し、そちらへ向かう道の障害物を片づけて、必要とあれば進む手段まで提供する。こうして用意された道へ起業家たちが猛然とつっこみ、イノベーションを起こし、リスクに挑み、利益を生み出し、過去には予想されなかった――予想できなかった――形で、その新しい方向性を拡大した。新しいセクター、もしくは新たな変容を遂げたセクターが、ほぼ例外なく急スピードで成長した。成長しつつ、みずからの周囲に、ほかにも新しい経済活動を作り出した。こうして経済が活力を取り戻し、方向転換を果たし、新たな姿へと変わったのである。

これはアメリカだけで起きてきたことではない。紀元前6世紀頃に栄えた古代小アジアの王国リュディアで、クロイソス王のもと国家経済会議に相当する機関が「貨幣制度」なる革新的構想を編み出す前から、世界では同じ経緯が何度も繰り返されている。政府が何をしたか、何ができなかったか、それが決定的な重要性をもつのだ。アメリカはちがうと思うかもしれないが、そうではない。起業家の世界と政府という機関はつねに対立するものとして語られるが、実際には往々にして暗黙ながらも、両者は重大な相互依存関係にある。手に手をとって経済の姿を作り変え、成長させる。かといってじっくり仲良く身を寄せ合うわけではないところは、トラの交尾に似ていると言えなくもないが、いずれにせよそのような形で、起業家精神に突き動かされるアメリカの経済はこれほどの成果を収めてきたのである。

アメリカ経済はどこへ向かうべきと考えるか。そこへ向かって経済を動かすためには何が必要か。新たな方向を選ぶ際は、根底に、こうした問いに対する共通認識があった。利害と妥協の見苦しいもつれあいも必ず介在したが、具体的な現実から目がそらされることはなかった。高尚でイデオロギッシュな真理や抽象的理論が経済を導いたのではない。真理や理論は「使える」答えをもたらすものとはみなされていなかったし、実際にそれらは問題の枠組みをとらえてもいなかった。知識人の視点と実際の政策は、もっと現実的に「新たな方向を具体的にどう進めるか」という点に主眼を置いていたのだ。もちろん絶好のポジションにいる利益集団がその利益を得ていくことになる。こうした方向転換の目的は、あくまで再生と成長のために経済の姿を作り変えることだった。政治経済学が左派であれ右派であれ、変化を起こさない演繹的な真理や、神や運の正しさを実証するために再設計するのではなかった。

つねに具体的。きわめて実利的。非常にアメリカ的だったのだ。

そのアメリカは、１９８０年代から1世代をかけて、ふたたび自国経済の再設計を経験している。だが、このとき選択された政策は、具体性という面でも、賢明さという面でも、圧倒的に劣っていた。過去とはまったく異なる経緯で方向性が選択されてしまったからだ。

そもそも、このときアメリカ経済の姿を作り変えにかかっていた政府は、アメリカ政府だけではなかった。一方では東アジアの各国政府――まず日本、そして韓国、それから勢いと範囲を急速に拡大していった中国――が、それぞれの経済政策のもと、工業製品輸出の道を邁進した。そしてもう一方ではアメリカ自身が、こうした他国の政策を唯々諾々と受け入れ、他国との競争を強いられる産業からリソースを引き揚げて、それを別の場所に移した。成長する方向を別に求めることにして、より価値の高い未来の産業と思われるものにリソースを投じるため、その点に狙いを絞った一連の政策を実施していた。ではどの産業を優先すべきなのか、それを決めていたのはイデオロギーだ。新しくひねり出されたいくつもの抽象的な理論が、「こっちが価値の高い未来の産業ですよ」とささやいた。だが、その未来の経済はどんな姿をしてやってくるのか、具体的に描画しようとしない。そんな経済政策の「はっきり見えない手」がまいたタネを、経済の手品を起こす「見えざる手」が拾って、ならば咲かせてやろうと動いたのである。

かくして、アジアとアメリカ両チームが、アメリカ経済という肉体の整形手術を施すこととなった。アメリカがアジアの輸出する工業製品――鋼鉄、造船、自動車、工作機械、電化製品――を甘受し、それを国内で売ったのは、いわば脂肪吸引手術だ。そして多くの筋肉を切り落としてしまった。実際のところ、アメリカ経済における製造業のウェイトは9パーセントも下がっている。1979年には対GDP比率が21・2パーセントだったが、その後、直近の景気循環のピークであった2007年には12・0パーセントとなった[1]。9ポイントは大きな数字だ。国防総省《ペンタゴン》が投じる国防費のGDP比が二つ入るのだから、さしずめノナゴン（九角形）といったところか。

同時にワシントン・チームはインプラント手術をおこなった。まずはハイ・ファイナンス〔大型の投資、投機的な投資〕とロー・ファイナンス〔リスクの低い小型の投資や融資〕における規制撤廃。それから不動産売買の促進と、診療報酬請求処理に特化した経済活動のシェア拡大。これらが生産性の高いセクターであるとみなされ、経済を牽引するリーディング・インダストリーとして、GDP比が国防費をまるごと呑みこむ5パーセントという割合で成長した。現在では経済全体のゆうに5分の1を占める[2]。これは明らかな経済的膨張だ。ぶよぶよした贅肉と言ってもいい。大半は、すべてうまく回ったとしても、ほぼゼロサムの活動で、純益を生み出さないのである。

アメリカの製造業が減退した唯一の、もしくは第一の要因は脱工業社会へのシフトだった――という意見も聞かれるが、それは当を得ていない。そのシフトはせいぜい、製造業の相対的減退の3割に責任がある程度だ。製造される財の相対的消費量が生産に比例した減退を見せていない点からも明白である。アメリカ人は引き続き量産型製品を必要としていたし、だからこそそれらを輸入した。この製品輸入がアメリカの貿易赤字に大きく寄与している。２００８年の大不況で輸入も当然減ることになるのだが、その前の時点では、貿易赤字が対ＧＤＰ比５パーセントだった。

自国で作らなくなった製品をすべて外から買う資金を賄うために、この国がおこなったのは、ほかに輸出できる財を製造することではなかった。したのは債務を積み上げること——山のような債務だ。東アジアの経済圏が製造の量および能力の拡大に必死になっているあいだ、抽象的イデオロギーに押されて進んでいたアメリカの経済再設計は、心配は無用だとアメリカ人の耳にささやきかけていた。「あれらのセクターは別になくてもいいのだから」と。一方でアジア各国政府は返済を繰り延べして、切り下げられるかもしれないドルを増やしつつも、そのかわりに貴重な産業の数々と、その技術的運営にともなうエンジニアリング・コミュニティを手中に収めた。

このように、一番最近におこなわれた経済の再設計は、アメリカに傷をもたらした。私たちは今もその余波のなかで暮らしている。

だとすれば必要なのは、経済の方向性をあらためて再設計することだ。しかも今、早急に、アメリカは経済の方向転換を必要としている。

本書の狙いは、私たちが必要とする次なる経済再設計について、この国の歴史が示す多くの教えを紐解いていくことである。アメリカ政府が過去にどれほど頻繁に、どれほど理にかなった再設計を繰り返してきたか、その点を理解することに重大な意味がある。市場そのものに知能をもって再設計をおこなう力はない。だからこそ、今回も政府がリーダーの役割を担わなければならないのだ。アメリカ政府が、その役割を負うべきでないと思うか、あるいは、その責務を果たす力はないと思うか、そんなことは問題ではない。いずれかの国の政府が何らかの形でアメリカ経済の姿を作り変えにかかることはまちがいないのだから、だとすればそれがアメリカの政府であるのが一番望ましいではないか。

新しい設計図を引くのは誰なのか。あるいは、新しい設計方針を選ぶのは誰なのか。賢いと自認する少数の学者、ワシントンのシンクタンク、政府任命による有識者委員会に任せてしまえばいいのか。もちろんちがう――アメリカは過去にそんなやり方をしてはこなかった。再設計の試みというのは、たったひとつ冴えたアイデアを出して、それを経済に浸透させる方法を定量的に計画すればいいというものではない。再設計の試みが最終的に生み出す複雑な形態がどうなるか予測はできないし、その範囲を特定できるわけもない。だが、広い方向性を見定め、実行可能な方策をいくつか考えるのは可能だし、これならばはるかにハードルが低い。

歴史を簡単に振り返ってみれば

アメリカは不完全ながらもおおむね上首尾に経済の再設計を繰り返してきた。それはこの国の歴史に単純明快に表れている。それなのに私たちは過去20―30年ほどのあいだで、その歴史の大半を忘れてしまった。経済学の講義からも国民の議論からも取っ払ってしまった。だが、アメリカ政府が自国経済立て直しのリーダーシップをとるのか、それとも一歩離れた立場から経済が勝手に進化するのを見ているのか、今いちど議論すべき時期が迫っていることを鑑みれば、ここで歴史を振り返っておく意義は大きい。経済の自然な進化を支持する者たちは、「アメリカ経済の美を生み出すのは誘導を受けない純粋な分子運動だ。政府が設計して生じたのは欠陥だけだ」と、あらん限りの声をはりあげて主張するだろう。だが、彼らは忘れている。まずはアレグザンダー・ハミルトンを。そしてアインゼンハワー大統領を。フランクリン・ルーズヴェルトとセオドア・ルーズヴェルトはもちろん、リンカーンやレーガンといった歴代大統領の存在を、彼らは忘れている。結果を気に入るか、後悔するかは別としても、経済の立て直しはつねに意図的な取り組みのもと、プロセスではなく結果を見据えた議論で選ばれてきたのだ。経済には、政府でなければできない重要な物事がある。政府がその役割をためらったり、拒んだり、しくじったりするならば、問題は解消されず、経済があるべき進歩を遂げることもない。

アレグザンダー・ハミルトン

19世紀の政治家アレグザンダー・ハミルトンは、イギリスの重商主義的政策が北米植民地に強いた農業経済を設計し直した人物だ。無限に土地があり、しかし人口密度は限られていたアメリカは、農業経済にはきわめて都合がよかった。入植者たちは農園で作る煙草や穀物を、森で採れる毛皮や材木を、プランテーションで栽培する綿花を差し出した。引き換えにイギリスは、付加価値の高い工業製品と、銀行や輸送のようなサービスを提供した。建国の父たちはそうした経済のあり方を、彼ら自身で考えるアメリカ経済発展のビジョンへ置き換えようと試みた。そして、現代の経済学の言葉で言うならば、アメリカの比較優位の構造を意図的に改革していった。彼らは経済の姿を作り変えたのだ。

アメリカ経済の生みの親となったハミルトンは、有識者として、政治家として、この改革を主導し、工業と商業と銀行業を促進する政策を整えた。アメリカ経済の再設計のあり方について、彼の見解の中心にあったのは、競争力の強いイギリスの生産者から幼稚産業を保護する必要性である。競争の土俵を何とか有利に傾けなければならない。そこで選んだのが関税を上げるという手段だ。１８１６年の時点で約25パーセントの関税を定めている。19世紀初頭の輸送コストはきわめて高かったので、これは保護貿易主義の徹底した遂行であったと同時に、連邦政府の主要な財源でもあった。工業製品の買い手である農業国アメリカでは、これに反対する声もあったが、関税は高く維持され続けた。そしてイギリスの強い不興を招いた。

ハミルトンが中心となっていた連邦党は、その後ジェファーソンとマディソンが率いる民主共和党にとってかわられる。しかしジェファーソンとマディソンも、その後継者たちも、自分たちが謳う「小さな政府」と農業優先の政策は野党だから言える贅沢であったことに気づいた。そこで工業促進の政策は据え置かれ、関税も、政治バランスの推移に応じて数字を上下させつつ維持された。その後の数十年間にわたり、運河建設の資金、のちには鉄道建設の補助金を確保するための政策として、関税の範囲は拡大していく。さらに南北戦争前、外国からの軍事的脅威とは無縁だったアメリカは、陸軍省の予算を回して、マサチューセッツ州スプリングフィールドにあったスプリングフィールド造兵廠など各地の拠点で、将来有望なハイテク産業の開発を進めた。

アメリカはこのとき、その後の発展を方向づける勝ち馬に乗ることに成功している。そのひとつが、アメリカには熟練の鉄砲工が少なかったので、非熟練労働者が標準化された部品で火器を組み立てるという手法を確立したことだ。このイノベーションはアメリカの銃器産業を形成するのみならず、「アメリカ式システム」と呼ばれるパワフルな製造アプローチの土台となった。関税は相変わらず高かったが、鋼船の登場によって英米間を結ぶ輸送コストが劇的に軽減したため、その効率性向上を相殺するべく、アメリカはさらに関税を上げた。イギリスの知的財産権や著作権すら尊重しなかったので、『クリスマス・キャロル』の作者チャールズ・ディケンズは、ベストセラー小説の数々がアメリカで売れて得られるはずの印税を回収できなかった。

ハミルトン後——民主党、ホイッグ党、共和党

農場や南部プランテーションを経営する人々は反発した。しかし市場の行動をアメリカに有利な成果につなげるため、まだ羽根も生えそろわぬ工業を守れるよう、アメリカは高率関税の工業化政策を更新し続ける。これは効果が高く、アメリカは急速に工業化した。19世紀末頃には、このヒナたちが世界最大規模の企業群に育ち、アメリカは工業大国として、自由貿易主義のイギリスを追い越すまでになった。保護関税も続いた。税率は北大西洋一高く、ごく短期的には下がることもあったものの、基本的には第二次世界大戦まで高い水準を保っていた。

19世紀のアメリカ政府は大陸横断鉄道の建設を推進している。鉄路拡大により、利益を生み出す農業のため、そして移住のための広大な土地が開かれた。さらには鋼鉄のようなフィーダー産業〔製品を他産業に供給する産業〕と、電信のような補完産業の発展が加速して、経済の姿が書きかえられていった。一方で、それまでに例のなかった新興産業も、鉄路に沿って発展し始めた。通信販売のシアーズ・ローバックもそうした1社だ。食肉販売会社スウィフト・アンド・カンパニーも、ボストンやボルチモアではなく中西部の家畜飼育場で解体作業をおこない、牛ではなくステーキとして東部へ出荷した。政府はこうしたビジネスに課税も財政支援もしなかった。する必要がなかったのだ。かわりに鉄道会社のほうに、貴重な土地を膨大な面積で与えた。国家所得勘定として計算するならば、19世紀アメリカにおける政府支出のGDP比は小さい。しかし19世紀のアメリカ政府がおこなったようなスケールでインフラを建設し、土地の割り当てを進めていた政府を、大きな政府と言わずして何と呼ぼうか。

社会設計のスケールも大きかった。19世紀なかばの連邦政府は、現在の私たちが中西部と呼ぶ地域で数百

万エーカーの土地を安く払い下げたが、これは高額入札者に土地を渡す入札形式でおこなわれたわけではなかった。ホームステッド法のもと、大地主を意識的に避け（それによって奴隷制の拡大を阻止し）、その土地で実際に生活する農家に土地を獲得・維持させる狙いで、権利付与をおこなっている。別の方法――入札形式のほうが、政府資産を民間に払い下げるにあたって一般的かつ適切な方法に思える――が採られていたら、社会構造はおそらくラテンアメリカに近いものになっていただろう。大土地所有が横行する一方で、土地を持たぬ農業労働者があふれる構造では、全員が悲惨な末路をたどっていたはずだ。

19世紀と20世紀をほぼ通して、こうした合理的な経済政策がアメリカを設計していった。これらは実利的かつ具体的な構想にもとづく経済政策であり、たいがい思ったとおりの成果を生んだが、当然ながら、決して些細とはいえぬ腐敗も伴った。

セオドア・ルーズヴェルト

次におこなわれた再設計は、セオドア・〈テディ〉・ルーズヴェルト第26代大統領が実施した重大な方向修正である。19世紀の終わりに向けて、大企業は――トラストと呼ばれる企業形態となり――市場によって動かされるのではなく、市場を動かすようになっていく。少なくとも大多数の国民の目から見て、ぜひとも是正対策が必要だった。市場競争の力で規制される民間企業経済は、市場が自主規制の力をもたなくなった場合――理由は多々あるが、企業が独占的になりすぎるのもそのひとつだ――三つの選択肢のいずれかを選ばねばならなくなる。国営化するか、規制するか、もしくは現実的なレベルで競争を取り戻すか。

国営化という選択肢は、机上の空論であり、検討の対象ですらなかった。そこでアメリカは実利にのっとり、鉄道のような重要度の高い産業における「自然独占」は部分的に規制しつつ、スタンダード石油のようなあまりに顕著に不自然な独占企業体を解体する反トラスト法を成立させた。さらには、第一次金ぴか時代の法外な富の集中を解消すべく、憲法修正案で所得税を成立させた。

革命は起きなかった。新しい経済理論による指導や正当化を求める必要もなかった。たしかに多くの政治的紛争は生じたが、全体で見れば非常に実利的な修正措置で、根深い構造的な経済問題に対処したのである。

フランクリン・ルーズヴェルト

フランクリン・デラノ・ルーズヴェルト（ＦＤＲ）の第32代大統領就任が決まったのは１９３２年。この年の株式市場は、１９２９年とくらべて、その価値が5分の4も下落していた。銀行は預金者への払い戻しができず、国内の住宅ローンのほぼ半分が不履行で、非農業産業の就労者は3割強が失業していた。ニューディール政策は、この経済的非常事態を解決するためにＦＤＲが実施した大胆かつ実利的な対策だ。経済破綻に直面した国家の反応とは思えぬほど、まったくイデオロギーに流されないアプローチを採った。このときのアメリカほど幸運ではなかった国では、左派と右派の双方が机上の解決策を戦わせ、たいていは右派が勝利し、その理想主義的な経済政策が実行され、そして、国民や近隣諸国に大きな負担を強いる結果となった。

ニューディール政策は「実利的実験主義」と呼んでもいいかもしれない。ＦＤＲ政権は次々と新しいことを試していたからだ。奏功しなければ切り捨て、効果がありそうならば増強し拡大する。農地や橋や公園から、証券取引業や銀行業、河川、さらには社会保険に至るまで、アメリカ経済のありとあらゆる要素に手を出した。主眼を置いていたのは新しい経済空間の開拓ではない。当初の狙いは、あくまでも目の前の死にかけた経済に息を吹き返させることだった——ニューディール政策を立ち上げてから最初の１００日間の、死に物狂いの日々は、設備の整わない救急処置室で蘇生措置をおこなっていたようなものだった。こうした実利的な現実的対処こそが、ニューディール政策に限らず、アメリカにおける経済再設計のあり方だったのである。

ニューディール政策は、もっぱら強制という形で再設計をおこなった。また、単に発令するだけではなく、実行にも力を入れた。しかも、つねに迅速に。これは名実ともに緊急対策だったのだ。これ以前にも以後にも、平時のアメリカ政府がここまでのレベルで指揮統制をとって法律制定を推し進めた例は存在しないほどだった。社会保障庁、証券取引委員会（SEC）、全国労働関係委員会、テネシー川流域開発公社（TVA）、公共事業促進局（WPA）など、独自の官僚機構と規制機関も設立された。のちに最高裁によって違憲と判断され廃止されることになるのだが、産業主導の労使協調主義にもとづき、全国復興庁も立ち上げている。その他にも、政府が住宅ローンを保証するといった方策を、大規模かつ迅速に拡大した。課税し、支出し、平時でくらべればいつの連邦政府よりもけたちがいに大きなスケールで、経済におけるカネの流れの方向修正をおこなった。

ニューディール政策は、それ以前の再設計とは異なり、経済のパイを新たな方向へ拡大することにはさして重きを置かなかった。だが、その膨大な数のイニシアチブのいくつかは、明らかに新しい経済成長の余地を開こうとしたものだ。TVA設立が一例である。また、西部の乾いた土地に大型ダムを建設し、農業、工業、さらには都市を生み出し得る土地を切り拓いた。とはいえ、あくまで主眼を置いたのは全体的な景気刺激——新たな拡大ではなく回復だ。社会保障と社会的公平の問題へと向かったのは、その後だった。農産物価格維持政策と農業補償金、社会保障、包括的福祉、（公共事業促進局や民間資源保全局による）直接雇用、労働組合といった形で、のちに「セーフティネット」と呼ばれる対策が整えられたが、これらは時代の要請によるものだった。

ニューディール政策そのものは決してイデオロギーではなく、むしろ究極的に実利的な政策実験だった。にもかかわらず、金融規制、社会的セーフティネット、住宅購入のための抵当保証、高い限界税率、そして「行動する大きな政府」といった特徴は、第二次世界大戦後のアメリカのイデオロギー、すなわちリベラリズムを定義する要素となった。政府には何ができるのか、そして政府は何をすべきであるか、その定義を語るひとつの手本となったのである。

ドワイト・D・アイゼンハワー

第二次世界大戦後、共和党の第34代大統領ドワイト・D・アイゼンハワー（彼がアメリカの政策の軸を定めた）と、その後に続いた民主・共和両党の大統領たちのもと、アメリカ政府はまたも経済の再設計を主導している。このときは主に四つの方法で、経済の姿を作り変えていった。

第1に、共和党の大多数はニューディール政策の撤廃を望んでいたにもかかわらず、金融規制、社会保障、住宅ローンへの保証、インフラへの支出、そして高い限界税率を設定する「行動する大きな政府」としての取り組み全般という、ニューディール政策の手法を継続した。

第2に、大規模な住宅および幹線道路建設計画を実施したこと。住宅所有を促進し、広く郊外化を推進して、経済を動かすとともに、物理的景観も社会的構造も描き換えていった。

第3に、財政支援をおこなって、世界を牽引する高等教育機関を続々と誕生させた。これらの機関は、これ以降のアメリカの経済的成功に大きく寄与することとなった。

第4に、新興技術の発展に直接的な財政支援をおこなった（主に国防費の莫大な投入が恒常化したものであったが)。商用ジェット旅客機のほか、特に半導体、コンピューティング、パケット交換など、のちにデジタル時代を花開かせるコア・テクノロジーの分野でアメリカの支配を確立させた。

現実に即した方向転換を主導したという面でも、慎重に勝ち馬を選んでいったという面でも、実に見事な実践例だ。そしてアメリカにとって大きく吉と出た方向転換だった。だが、アメリカ政府が経済再設計に関与してきた歴史のなかで、これは決して例外的な成功ではないし、この大規模な取り組みが大きな議論を呼んだわけでもない。むしろ広く厚い支持があり、反発は弱かった。具体的な経済的意味があったからだ――それで何が手に入るか、見えていたからだ。抽象論やイデオロギーではなかった。この国はどこへ向かうべきか、何が善で何が望ましいのか、国民は政府にどんな行動を求めるか、国家全体の意識を体現した経済政策だった。

そこには国民全員が期待を寄せる要素が詰まっていた。たとえば、平均的なアメリカ人の手に届く、緑の庭のあるすてきな住宅と長期住宅ローンだ。それらが手に入ったなら、次に必要なのは自動車と幹線道路、そして冷蔵庫、洗濯機、家具になる(自動車産業、石油産業、白物家電産業、住宅家具産業、建設産業にとってはうれしい限り)。さらに住宅ローンおよび自動車ローンの安全で堅調な市場。インフラと学校を支える地方債が整えられたのも、規制下で節度を守っていた金融業界にとっては喜ばしいことだった。

莫大かつ狙いを定めた政府支出で先進技術が生まれたのも、アメリカが継続的に技術的卓越性を保持するためのタネになった。政府の関与がイノベーションと起業家精神を締めつけることはなかった。むしろ正反対で、政府がイノベーションと起業の広大かつ新しい未来を開いたのだ。起業家たちはそのお膳立てに乗って、即座に未来へ向けた快進撃をスタートし、革新を生み、急成長を遂げていった。

政府が抽象論に縛られることはなかった。必要だと判断したときには、国家の経済成長のために、あえてドルの切り下げもおこなった。しかも一度ならず、FDR政権で、ニクソン政権で、レーガン政権で、そのつど多少の賭けをしながら繰り返している。インフラ開発、保護関税、勝ち馬の直接的な選出と促進、為替レートの切り下げ……アメリカ政府はこうした手段をことごとく駆使したし、第1期レーガン政権においては、「自主的な」輸出規制という形で選択的保護貿易主義に回帰している。

一番最近の再設計

その後、現時点から見て最後の再設計がおこなわれる。東アジアおよびアメリカ政府という二つの再編チームがメスをふるって、アメリカ経済の姿を作り変えにかかったのだ。アメリカ経済をえぐり、できた空洞に脂肪をつめこんでいった。

東アジア側から見れば

東アジアの国々は、産業を保護・育成するハミルトン流の戦略をとり入れた。まず日本がパイオニアとなり、のちに大きく修正されて韓国に採用され、それからシステムを壊滅させるほどのスケールで中国が引き継いでいる。こうした国々は、規模と精度と付加価値が右肩上がりで伸びていた輸出用工業製品の製造にリソースを集中させつつ、アメリカがあらゆる対価を払って促進した「開かれた貿易」の国際システムを活用することで、前例のない急成長を実現した。ハミルトン戦略にターボエンジンを設置したかのごとき勢いで、政府が主導的・積極的な役割を果たす産業開発の力を伸ばしていった。

方針はきわめてストレートだ。経済の急速発展は、生産性の低い小規模農業から工業生産への大々的かつ本格的な移行なしにはあり得ない。その後は、非熟練労働者で回せる低資本・低賃金の製造業（縫製、玩具の組立、小物づくり、靴製造など）を皮切りに、そこからバリューチェーンの上流をめざし、技術も資本も付加価値も高い産業（鉄、造船、自動車、家電など）へとたゆまぬ移行を続けていくというわけだ。資本が安価で、外国技術の獲得も補助されていたことから、こうした産業は輸入競争からしっかりと保護されていた。政府は数年をかけて、金融抑圧、資本の配分、産業の保護と促進を進めた。重点産業では輸出に主眼を置いた。開発には長い時間がかかるし、小規模農家や、最低賃金で働く工場労働者たちからなる国内市場はまだ小さく、貧しく、低所得であったからだ。付加価値産業に向かう長い梯子を一気にかけあがることはできない。経済の方向転換を導けるのは輸出だけだ。そこで、安価な投資ファイナンスを整え、輸入品から産業を保護し、外国の知的財産は大胆にも保護せず、通貨を操作し、必要な場面では多様な形式・形態で補助金を出すなど、あらゆる手段をゆるく連携させながら輸出推進を追求した。

幼稚産業を外国との競争から守り、支えるために全力を尽くす。そして輸出に主眼を置き、消費を抑え、利益は生産力拡大に再投資していく。政府が並々ならぬ熱意のもと、システマチックに、そしてブレない姿勢でこうした取り組みをおこなうことに、何かまちがいがあるだろうか。

答えは否だ。

まちがいがないどころか、正しいと断言する大きな理由がある。その取り組みが効果を出していることだ。産業振興に励み、大々的に投資をおこない、輸出に主眼を置いた東アジア各国の経済は、世界史においても例を見ない急成長を遂げている（働かなくても石油でうるおう中東の国々は除く。また、ウォール街的な「金融国家」の経済も除くべきだろう）。

だが、輸入するより多く輸出し、輸出重点産業を決めて追求していく――最初は衣類と玩具、それから鉄と船、次に自動車と機械工具、その後に電化製品を、世界に影響をおよぼす規模で輸出する——という、日本政府がパイオニアとなった手法は、ほかの大国（たとえばアメリカ）にしてみれば、必然的に年々輸出よりも輸入が増えていくことを意味する。外国資産が縮小し、赤字が増えるだけでなく、アジアが輸出に励む産業が、自国では規模と収入の縮小が進むことを意味する。

世界の繁栄という面で、こうした状況に何かまちがいはあるだろうか。

その答えもやはり否だ。

何しろ貧しい人々が少しでもうるおい、世界的に見れば圧倒的に少数である金持ちたち（相対的に見れば金持ちなのであって、裕福であるとは限らないが）が富を減らすのだ。だが、これはあまりにも教科書的な経済学であって、経済を語るにあたって国境の存在を無視している。国境がなければアジア型開発モデルはそもそも成り立たない。

どこの繁栄を重視するか、その視点しだいで、是非の判断は変わってくる——経済学の基本の教科書が事の正否を判断してくれると考えれば別だが。教科書によれば、自由貿易システムを採用すればポジティブサムのゲームとなるはずだ。ゲームに参加するすべてのプレイヤーに何らかの利益が生じる。しかし規模の経済、学習効果、スピルオーバー効果（漏出・拡散効果）に頼る産業にとっては、ゼロサムゲームとなる要素が大きい。自国の民の繁栄よりも世界全体の繁栄を優先させる政府など、仮にあるとしてもめずらしい存在と言わざるを得ない。自国が得るなら、他国は減る。何かよっぽどすばらしい展開にでもならない限り、そうなるのが自然だ。(3)

産業は古典的な自由市場のダイナミクスによってというよりも、むしろ特定産業育成をおこなう国が何を選択し何を判断するか、そして対象になった産業を有する他国の政府がそれを許すかどうかによって、それぞれに盛衰するのである。大型産業は特にそうなる場合が多い。これは、自由貿易が謳ってきた自動的なバランスと、その相互利益とは大きくかけ離れている。相互利益の計算は近年だいぶ複雑になり、今の政府はその計算はしていない。生産と雇用の構造という観点から言えば、片側の便益は必ず他方の費用によって生じる。ただし、他方が（この場合はアメリカが）自国のリソースと労働者を、さらに付加価値のある活動、すなわち価値の高い未来の産業に移すことができるならば、その限りではない。そうなったとしたら、全員が繁栄する形でゲームを続けていくことも可能だ。

この「他方」の立場、つまり外国政府の特定産業育成政策によって標的とされた国家にとって、選択肢は三つある。

1 付加価値の高い活動へ、自国経済をシフトさせる。

2 状況を無視し、アジアの開発国家によって自国経済が再編成されるのをただ受け入れる。

3 ゲームへの参加を拒否する。その輸出品に関する戦略や組織を捨てるか、その輸出品をブロックする。

アメリカは1の道を選び、価値の高い未来の産業へと慎重にシフトしていった（アメリカは2の道を選んでいる、すなわち手出しはせずに自由市場の動きに任せている——と、自国および世界に向けてうそぶくという、ゆがんだ努力をしながら）。この大胆でありながら人目をごまかす政策を通じて、アメリカは、自国経済を付加価値の高い新しい活動へと広げてくることができた。しかし、どの活動に手を広げるかという点では、惨憺たる選択をしている。

この「経済の整形手術」は、国家を未来の産業へと進ませていくはずだった。何しろ周囲の貧しい国々が一生懸命に布を縫い、型にプラスチックを流し込み、部品を組み立て、金属を鍛えているあいだ、アメリカは価値の高い活動に集中したのだから。アイゼンハワーと、彼に続いた数人の大統領たちのもとで進められたのと同じ展開ではないか。アイゼンハワーの頃の政府は、衣類、玩具、旅行鞄、贅沢品の製造から徐々に手を引き、商用飛行機、半導体、コンピューターといった先進技術へ力強く軸足を移した。２世代にわたって大々的な投資をおこない、天空から海中・地中深くまで――前者においては衛星と、それがかなえたさまざまな通信および軍事的応用技術、そして後者では音波や先端技術を駆使した石油の発見など――まったく新しい高価値産業を生み出した。同時に民間技術企業が、通信やコンピューター技術の発展から商用利用の可能性を探り出し、経済を一変させる応用を多種多様に生み出した。まだまだ挙げ切れないほどの成果が誕生している。

だが、それは前々回の経済再設計の話だ。

１９８０年代に始まった再設計は、これとはちがう道をたどった。未来の産業と目されたものは、それほどの富を生み出さず、価値ある経済活動を派生的に生み出しもしなかった。むしろ何も（もしくはほとんど）価値を創出せず、結局のところ所得はほぼトップで分配されただけ。このときの方向転換で台頭したのは、不動産取引、医療保険請求処理、そして金融といったセクターだ。後述していくが、１９８０年代なかばから２００９年までのあいだに、これらの産業はＧＤＰ比を５パーセント以上も伸ばし（国防費のＧＤＰ比がまるごと入る数字だ）、最終的にＧＤＰに対して20パーセント強を占めるまでになっている。しかも、本書後半で考察していくが、この肥大した数字は、アメリカが選んだ成長セクターの「真のサイズ」に照らせば、実のところ小さいほどなのである。

不動産取引から考えてみよう。不動産ブローカーは住宅売買価格から手数料の分配を受ける。通常は６パーセントで、売却される住宅の圧倒的多数がこうしたブローカーを通じて取引される。１９５０年から１９７０年、政府が設立した利用しやすい住宅ローンシステムが円滑に機能していた20年の好調期に、住宅平均価格は約40パーセント伸びた。毎年２パーセント未満だから、同時期に進んだインフレ率を上回ってもいない。しかし80年代なかばから２００６年にかけての住宅価格は、およそ４００パーセントも高騰している。当然、ブローカーに入る手数料も格段に増えた――業務内容、サービス内容、そして経済に対する真の価値は何も増えていないというのに。不動産取引のリターンの成長は、経済学者の表現で言うところの、純粋なレントだった。

医療制度も、このときの経済政策によって醜悪な姿になった。現在、アメリカの医療費の対ＧＤＰ比は約17パーセントだ。ドイツは11・３パーセント、フランスは11・７パーセント、デンマークは11・２パーセント、日本は９パーセントである。仮にアメリカのデータを白人系アメリカ人に限定して比較したとしても、こうした国々のほうがアメリカより寿命が長く、健康状態も優れている。アメリカが医療制度に投じている金額は、ＯＥＣＤ諸国の平均とくらべて６倍以上だ。毎年１５００億ドルを上回る金額が、民間医療保険業界の諸経費および利益のために投じられている。もっぱら、保険会社間で医療費支払いの責任を押し付け合う業務のために、その金額が支払われているのである。コストは保険会社側と医療機関側の両方で計算する必要があるので、だとすればおそらく年間で１５００億ドルの２倍がかかっている。国民所得勘定によれば、ここには価値があるはずだが、本当にそうだろうか。こうした形の経済成長、新しいアメリカ経済の高付加価値活動と言われるものは、はたして経済に何らかの価値をもたらしてきただろうか――善良なる国民の苦労がただ垂れ流されているのではないのか。

さらに政府は金融をリーディング・インダストリーとみなし、その成長の水門を開いた。かつての経済再設計で製造、鉄道、住宅の郊外化、先進技術を促進したように、金融業界の成長を後押ししたというわけだ。１９８０年代からその後押しを本格始動して、金融業界を一種の公益事業の枠に収めていた規制構造をひとつずつ意図的に撤廃していった。そして過去と同じく、開かれた余白に起業家たちがなだれ込み、新しい工夫を生み出した。債務担保証券（ＣＤＯと略される。ウォーレン・バフェットはこれを「金融の大量破壊兵器」と呼んだ）や、高速取引（ロボットがおこなうフロントランニング〔顧客の注文情報を利用した自己売買〕のようなもの）など、カネを生むための発明が次々とひねり出されていったのである。[4]

アメリカのＧＤＰに対する金融のウェイトが増したのは、このセクターにおける就労者の増加から来るものではなかった。業界トップに君臨する者の取り分が増加したことによる上昇だ。１９７０年代、金融業界の平均賃金は、ほかの産業とそれほど大きくは変わらなかった。だが２００２年には倍になっている。[5] 圧倒的多数を占める銀行事務員や窓口係の給料は低いままだ。増えたのはトップ、しかもトップ中のトップが大半をとっている。そして２００５年になる頃には、金融業界が全企業利益のゆうに40パーセントを占めるまでになっていた。金融のなかでも飛びぬけて儲かる部分――ヘッジファンド、プライベート・エクイティ・ファンド、ベンチャー・ファンド――の多くは法人として構造化されておらず、それゆえに企業とはカウントされていない。また、この利益創出マシーンに欠かせない存在である会計士、コンサルタント、ウォール街の法律事務所も、金融セクターの一員とはカウントされていない。そう考えれば、本当の金融は全体で40パーセントを大きく超えているのである。

＊

国家が正しい経済政策を採ること。その正しい経済政策を選ぶ正しい政治経済が成り立っていること。現在・過去を問わず、それが繁栄を生んでいくための圧倒的に重要な要素であることはまちがいない。アメリカは建国から200年のあいだ、ほぼ一貫して、それを正しく実行してきた。つねに容易だったわけではないし、つねに円滑、つねにクリーンだったわけでもなく、明らかに大半は不完全ではあったものの、それでも全体で見るならば、きわめて上首尾に歩んできた。

だが、1980年代以降のアメリカはまちがった経済政策を採っている。この国の歴史において初めて、政府は実利的な評価によらず、抽象的経済理論にくるまれたイデオロギーのビジョンによって未来の産業なるものを定め、それを約束し、推進したのである。現実的でもなければ具体的でもない。この経済再設計は奏功しなかった。これもアメリカ史において初めてのことだ。

これより前のアメリカ経済再設計は、明確で、具体的で、さらには結果を「イメージできる」ものとして、政府によって提示・推進されていた。しかし1980年代以降のアメリカ政府は、新しい経済の姿を実利的・具体的な言葉で提示しようとはしなかった。製造、工業、輸出のウェイトを軽くして、金融、医療保険請求処理、不動産取引、そして輸入のウェイトを重くするのだと、胸を張って宣言しなかった。そうするかわりに、理論的で抽象的な口調で語っていた――政府の行動は、金融市場の古臭い規制を撤廃することで自由を増やし、役所的な形式主義と厳しい規制を軽減するためのものなのです、と。市場原理を解き放ち、いきいきと自由にゲームプレイをさせるのです、と。かくして規制撤廃により経済の水門が開かれると、金融業界や、アジア政府の経済政策が狙いやすい領域以外の分野に、カネが流れ込んでいった。具体的と言うにはほど遠い政策立案であったおかげで、為政者たちは、この経済再設計が招くだろう結果を国民の目から――そして往々にして自分たちの目からも――隠し通すことができたのだ。国家は、自分たちが何を得ようとしているのか、見えていなかった。

このときの経済政策を作る立場にあった人々——そして政治アドバイザー、コメンテーター、オピニオンリーダー、民間セクターの重鎮など、やかましい大勢の船頭たち——は、まばゆいがよく見えないビジョンを示した。21世紀初頭の新しいアメリカ経済を導いた政府のイニシアチブは、「規制撤廃されたグローバルな市場経済はこう動くはず」という見込みに対応していた。イデオロギーどころではない。ほとんど宗教的信念に動かされたビジョンだったのだ。

プル型の側面とプッシュ型の側面があったとするならば、プル型で起きた展開は、障壁とルールと規制の撤廃によって生じた金融業界のすさまじい成長だ。それから、保険料の支払いを押しつけ合う医療保険請求処理というセクターが伸びた。これらはゼロサムもしくはネガティブサムの産業であったというのに、急成長をしているせいで、ここに強い影響力をもった利益集団が生まれた。彼らが現状の構造を支持し、現状の構造もまた彼らを支持する。アメリカはまちがった経済政策を敷いただけでなく、政治経済をゆがめてしまった。経済政策を形成する権力の構造がまちがった形で定着したのである。

一方プッシュ型の側面にいたのはアジア各国の政府だ。彼らはアメリカ人が買いたがるモノを手あたりしだいに売りつけ、自国の経済発展を全力で追求した。実体経済から目を離してイデオロギーに浸るなど、そんな贅沢は自分たちには許されないことを、こうした政府はこれまでの苦労を通じて学んでいたのである。

次に迎えるべき再設計

アメリカも今いちど、経済の実体にフォーカスを戻さなくてはならない。この国の経済をリブートし再活性化させるために、イデオロギーの常套句やもやもやした抽象論を捨てて具体性のある経済的意味について語っていくためには、それこそが私たちにできる最重要の対応なのだ。私たちはどこへ向かっていきたいのか。新しい経済空間はどのような姿となっていくのか。その空間に棲むのは誰なのか。

アメリカ経済の再設計は経済学者の仕事であると同時に、政治の仕事でもある。政策協議とは、その設計の内容を、そして設計を実現するための政策手段を――完璧である必要はないし、満場一致でなくてもいいが――話し合うことだ。国家の道を話し合う議論がおとぎ話に根ざしたものであってはならない。自由放任《レッセフェール》の市場という夢物語にもとづいていてはいけないし、過去数十年間におこなわれてきた「空洞化し、脂肪で埋める」式の整形手術を継続するべきでもないのだ。

政治的に可能であることと、経済的に賢明であることを重ね合わせるのが、政治という腕の見せどころではないのか。アメリカが過去に何度も自国経済を首尾よく変容させてきたことを思えば、現代の私たちもぜひ実利に根ざした政策を検討し、具体的な――イメージ可能な――設計を話し合っていかねばならないのだ。

第1章　アレグザンダー・ハミルトン、アメリカを設計する

アメリカ史に関する一つの通説がある。通説どころか、揺るぎなく根を張った見解であるというのに、どういうわけかきちんと要約として提示されることがない。そこでここで文章化を試みてみよう。

アメリカは今もこれまでも、つねにジェファーソン流民主主義の国家である。今もこれまでも、小さな政府をもつ自由放任主義の国家である。開拓者、起業家、スモールビジネスを礼賛し、経済における政府の「干渉」に対しては、いかなる形であっても強い不信感を抱く。アメリカは根っからの自給自足と独立独歩の国家であり、自分のスモールビジネスを経営するという定め、少なくともスモールビジネスを経営したいと憧れる定めが遺伝子に刻まれている。大きな政府には特に懐疑的で、権力をはっきり制限した骨抜き政府のほうがはるかにマシだと考える。

この通説は率直に言ってまちがっている。大事なことなので、まちがいを指摘し、そして正しい歴史をつまびらかにしたい。

第4代合衆国大統領ジェームズ・マディソンは、1790年代において、たしかに小さな政府を熱心に推奨した。現代のアメリカでは、これをもっともと受け止める向きが多い(1)。だが、その1790年代の時点で、マディソンの主張はアメリカという国にとって説得力をもたなかった。それどころか選挙でも立法でも圧倒的多数に否定されている——初代大統領ジョージ・ワシントンも反対に回ったひとりだ。

小さな政府を謳うマディソンらの派閥は、政府がより大きな役割を果たすべきと考えた第2代大統領ジョン・アダムズ、そしてアレグザンダー・ハミルトンにかわって政権を握ることとなるが、いったんそうなってからは、小さな政府という主張は彼ら自身にも説得力のないものになった。むしろ第3代大統領となったトマス・ジェファーソンは連邦政府の権限を大きく振りかざした。ルイジアナ買収（これは吉と出た）やヨーロッパとの通商禁止（これは凶と出た）などだ。マディソンもそれに異を唱えなかった。

そういうわけで例の通説は明らかに誤りだ。財務長官だったハミルトンが第一合衆国銀行の設立を推した際、マディソンはこれに反対し、連邦政府に信任された権限範囲を踏み越えると主張したものの、みずからが第4代大統領になった折には、第二合衆国銀行の設立を支持し署名もおこなっている。なぜか。そのほうが国の繁栄につながるからだ。また、マディソンの目から見て、憲法問題は解決していたからでもあった。「国家による憲法解釈こそが……憲法の意味を宣言する絶対的権利をもっている」のだった(2)。

もっと言えば、ジェファーソンが邸宅とプランテーションを所有していたヴァージニア州モンティチェロ以上に、ジェファーソン自身が打ち出していた「自給自足・独立独歩の自由農民《ヨーマン》」というモデルからかけ離れた農業活動をしていた地があっただろうか。

さらに一歩退いて大局を見てみよう。ジェファーソン派が愛した開拓農民という存在を成り立たせるためには、明らかに、つねに政府が大きな役割を果たしている。白人の開拓農民の家族が流れ込んでいけるよう、インディアンを排除してアパラチア山脈西側の土地を開くためには、軍隊が必要だった。開拓者の穀物を市場へ運ぶためには運河を建設する必要があった。

18世紀が19世紀へと道を譲るにつれて、経済発展における政府の役割はますます増強されていった。『大草原の小さな家』シリーズで、著者のローラ・インガルス・ワイルダーは、19世紀末の独立独歩の入植者の姿を心温まるストーリーとして描いている。しかしカンザスにいたときのインガルス一家は違法入植者だった。そこは先住民オーセージ族のテリトリーであったのに、アメリカ軍が彼らを排除するだろう、新しい小さなインディアン居留地へ強制移住させるだろう、と期待していたのだ。だがアメリカ軍は初めのうち、取り決められた領地境界を変更できず、その期待に応えなかった。そこで一家はカンザスから引っ越すことになる——ローラの父さんにしてみれば、大きな政府の横槍によって立ち退かされたというわけだ。

このあとインガルス一家はダコタの平原に移住する。だが自給自足の農業など不可能だった。開拓地への移住は外の世界の市場なくしては成り立たないのだ。東部とのあいだを連結する交通と、大西洋をまたがる運輸網がなければ、開拓者たちは生きていくことができない。理由は二つある。一つは、自分たちが開拓地で育てる穀物を売る手段が必要であること。もう一つは、その開拓地の気候では育てられないものを買う手段が必要であること。こうした運輸手段の建設・維持のための莫大な財政補助と、その結果として生まれた大陸および大西洋をまたがる分業体制が成立しなかったとしたら、インガルス一家が長い冬を生き延びることはなかっただろう(3)。

実際のところ、19世紀のアメリカ経済における政府の役割は、同時期の西欧の国内政治とはくらべものにならないくらい顕著だ。インフラ、軍事和平工作、入植、内陸交通手段の改善、研究開発、保護関税、率先した市場形成といったイニシアチブの数々は、すべてアメリカの急速な産業成長を大きく押し進めるものだった。西欧各国の政府が自国経済に対してそのような役割を果たすのは、20世紀なかばになってからのことだ。

だが、独立革命の前および最中の時期に、アメリカに「ジェファーソン流」の小さな政府を強く求める、一つの強力な利益集団がいた。イギリスだ。イギリスは自由放任主義のグローバル経済など望んでいなかった。世界の経済を自国の得になるよう形成したかったし、そのためには、アメリカがイギリス式の経済政策を採用してイギリスの望みを阻むことになるのは避けたかったからだ。

歴史家のジョン・ロバート・シーリーは1883年の著書『英国膨張史』で、イギリスは「行き当たりばったりに」帝国を獲得していったと書いているが、それは明らかに誤りだ[4]。1558年11月17日、エリザベス1世が即位したときから、イギリスは海軍国となった。君主による入念な計算にもとづいた戦略だ。百年戦争におけるエイジンコートのような、陸地での勝利はもう追求するつもりがなかった。英国軍の圧倒的多数は海軍であり、海の支配から見込めるリターンに主眼を置いていた。

歴史学者ジョン・ブリュアが財政軍事国家と呼んだ1689年以降の体制も、入念な計算にもとづく経済政策だった。イギリスの3倍の人口をもつフランスよりも、さらにカネのかかる軍事力を維持し動かしていくため、地主階級は意欲的に課税を受け入れた。これは歴史的に前例のないことだ。大英帝国の確立は、イギリスの軍事エリートによって一意専心に、意識的に、そして上首尾に遂行されたプロジェクトだった。実際のところ、2000年前にローマ帝国が台頭して以来、ヨーロッパにおける同種のプロジェクトとしてはもっとも成功した例だったと言える[5]。

海の支配はブリテン島の保護のみならず利益にもなる。何しろ大洋を横断する貿易を支配する、大洋にまたがる帝国となることで、イギリスに富がもたらされるのだから――という彼らの期待は、実際に実現していった。イギリスは香辛料、絹、砂糖、綿、紅茶、煙草などを大陸ヨーロッパに売り、4種類の形で儲けを得ていた。第1に、輸出業者による英国製船舶の購入が収入源になる。イギリスの船ならば英国海軍に沈められることがないからである。第2に、開拓者と奴隷のいる植民地を介して、西インド諸島のラムや砂糖が手に入る。第3に、そのほかの植民地に税金と作物を収めさせることができる。第4に、付加価値の高い工業製品を植民地などに輸出できる。こうしてイギリスは、植民地とのあいだに行き来するものすべてに対するコントロール、代金、手数料の実権を握った。輸入・輸出品はすべからくイギリスを通し、イギリスの輸送手段を使う。これが、イギリスの航海法に明文化されたイギリス流の重商主義だった。

イギリスがアメリカに対して一番重視していたのは、メイソン－ディクソン線〔ペンシルヴェニア州、デラウェア州と、メリーランド州、ウェストヴァージニア州との間の州境の一部を定める境界線〕の南、すなわちアメリカ南部にある奴隷制プランテーションで栽培される作物だ。非プランテーション型の小規模農家が主体だった北部植民地にも同様の支配を採用したのは、後付けのようなものだった。しかしロンドンにいる植民地大臣たちには、北部も含めた思惑もあった。すべての植民地に、財の購入はイギリスの供給業者からと義務づける。すべての植民地は、イギリスがアメリカに輸出したい製品を作ってはならない。すべての植民地の輸入・輸出取引の相手はイギリスのみとする。つまり、植民地という事業の目的は、イギリスが安く入手したい財と、イギリスが転売して利益を得られる財を提供することだけだった。北部植民地は、毛皮や木材を売る、イギリスの専属市場だったわけだ。同時に、イギリスの宗教的異端者と犯罪者をほうり込んでおく流刑地でもあった。

アダム・スミスは1776年に出版した『諸国民の富の性質と原因の研究』で、全35章のうち8章もかけて、この重商主義制度に対する痛烈な批判を提示している。

国内消費者の利益が他のどの商業法規よりも大規模に犠牲にされて、生産者の利益がはかられている。……国内製造業の利益がもっとも配慮されている。……［植民地の人々が］……自国の生産物を活用して可能なかぎりのものを生産するのを禁止したり、もっとも有利だと判断した方法で自分の資本と労働を使うのを禁止したりするのは、人間のもっとも神聖な権利をあからさまに侵害する行為である(6)〔『国富論』山岡洋一訳より〕。

もしもイギリスの支配が続いていたならば、アメリカの経済は、ブリストルのイギリス商人を喜ばせるために整えられたジェファーソン流の道を進んでいくこととなっただろう。そして、いったんその道に乗ったなら、19世紀のアメリカ（20世紀も含めて）の経済はおのずと、世界の産業中心地であるイギリス北部から高度な資本財と技術集約型の製品を輸入し、それによって農業と天然資源での比較優位を実現・構築するという役割を果たしていくことになっていただろう。天然資源と、第1段階の加工を済ませた農産物、林業生産物、鉱業生産物の輸出で、イギリスに支払っていくことになっていただろう。

だが、実際にはそうならなかった。

そうならなかった最大の要因は、ある人物の存在だ。アメリカ経済の形成と、その比類なき成長に対し、個人としては最大の影響をもたらしたと言えるだろう人物、アレグザンダー・ハミルトンである。このハミルトンが、最初の、そして最大の範囲で、アメリカ経済の再設計を推し進めた。

共和主義の美徳か、商業的繁栄か

アレグザンダー・ハミルトンは、アメリカ合衆国の経済を、もっとも大胆、もっとも独創的、そしてもっとも重大かつ意図的に作り変えたアーキテクトである。

実利的な経済政策はすでに動き出しつつあり、ほぼ合意もとれていたが、個人としてその政策の先頭に立った人間は彼のほかにはいない。

ハミルトンの政治経済的介入がなければ、アメリカがイギリスに次ぐ世界第2位の工業国になることはなかったにちがいない。

偉大な経済理論家でもあった。有名な『製造業に関する報告書』（1791年）で初めて提示した経済発展についての理論は、アメリカ経済を作り変えただけでなく、半世紀後にドイツの経済学者フリードリヒ・リストに受け継がれ、ドイツの急速な工業化に中心的な役割を果たした。さらにその後、日本でも教典となった。(7) 英米の主要大学では、ハミルトンの思想を学ぶ必修科目、いや隣接科目すら開設されていない。経済の教科書を席巻するのはもっぱらアダム・スミスの思想だ。だが、経済発展を成功させた後発の国々は、開発戦略を形成するにあたり、まちがいなく――と本書は主張したい――アレグザンダー・ハミルトンの思想から大きな影響を受けている。もっとも顕著な例がドイツ、日本、韓国、そして現在の中国だ。

イギリスのアプローチは工業化のパイオニアとして広く研究されていた。しかし約100年後にドイツの急速な工業化を導いたのは、イギリスの手法ではない。フリードリヒ・リストが示したハミルトンのアプローチがドイツを動かしたのだ。その後に日本がドイツからそれを拝借し、次に韓国が借りていった。そして発刊から200年以上が経つ今、中国が採用している。経済発展を成功させるため、この道が好まれ選ばれてきたのだ。マンチェスター学派が示す自由貿易・自由市場経済は、教科書的な教えとしては敬意を払われているが、模倣され成功を招いたという面ではハミルトンの思想におよばない。

「ハミルトン前」と「ハミルトン後」があるとするならば、「ハミルトン前」のジェファーソン流経済は、イギリスが重商主義の植民地政策を通じてアメリカに強いた鋳型であり、アメリカはただそこに流し込まれていただけだった。「ハミルトン後」、アメリカ経済は変わった。製造、技術、インフラ、商業、企業、金融と銀行、そして政府支援によるイノベーションに重点を置いた。「アメリカ式システム」と呼ばれる19世紀初頭の経済計画が生まれたのである。

ハミルトンはアメリカの政治経済の視点を、工業と高率関税とインフラの方向へと傾かせた。そして整えられたプロセスは自家発電的に回り始めた。こうした経済政策の恩恵を受ける連邦派《フェデラリスト》と新連邦派《ネオ・フェデラリスト》の利益集団が経済を支配し、往々にして、彼らの力でこれらの経済政策が定着していったのだ。競争力のないニューイングランドの幼稚産業を保護し、奴隷制プランテーションで綿花栽培をおこなう南部農園主にはイギリス製品購入に高い関税を払わせ、関税収入は国内のインフラ整備に投入する――ヨーロッパのために栽培と伐採と採掘をするのではなく、アメリカのために製造と開発をしていくインフラを整える――というのは、西部の農民を代表する議員たちから見ても、ニューイングランドの製造業経営者と労働者を代表する議員たちから見ても、正しいことだと感じられた。

農民、製造業者、労働者だけではない。結果的に、それは国家全体にとって正しい選択だった。

実際のところアメリカは、イギリスの経済学者W・アーサー・ルイスが「ヨーロッパの温帯入植地」と呼んだ経済圏と同じ末路をたどる可能性があった[8]。オーストラリア、アルゼンチン、カナダ、そしてウクライナといった国々は19世紀に、工業化したヨーロッパのための大きな穀物蔵、大きな農園と化した。そのなかで自国の産業基盤を発展させて19世紀後半にしっかりとバランスのとれた経済圏になった国は存在しない。こうした国々はそのとき目の前にあった比較優位がもたらすインセンティブに従って、きわめて高い生産性で輸出していく農業セクターを整えた。だが、19世紀の時点で繁栄の道だった方向に進むために、そのトレンドが継続するという重大な賭けをしてしまったのである。多角化はおこなわれなかった。その後、コモディティ価格の相場が不利になってくると、こうした国々は相対的に弱い立場に陥る。アメリカはそうはならなかった。１８８０年の時点で巨大版オーストラリアにならなかったからこそ、20世紀が「アメリカの世紀」となったのである。

トマス・ジェファーソンは、文献で読んだこと、学校で教えられていることを信じていた。徳の高い農民たちの共和国だったローマは、紀元前１００年から紀元後１００年のあいだに自由を失い、贅沢と腐敗にまみれ、超富裕層《プルトクラート》と金貸しと無産階級と奴隷が織りなす血なまぐさい帝国に変貌してしまった、と。人々が懸命に働いて大地から生計を立てる農村部にのみ、共和主義の美徳があったのだ。しかしローマが軍事力を備えて帝国となり、侵略と商業発展という贅沢におぼれて、美徳は消えていった。初代皇帝アウグストゥスは賢慮をもって安定をもたらしたが、対価としてローマ人の自由は失われた。これ以降、歴史家エドワード・ギボンが「五賢帝」と表現した５人の皇帝、ネルウァ、トラヤヌス、ハドリアヌス、アントニウス・ピウス、マルクス・アウレリウスといった賢い独裁者たちのもとで最大限に徳のある治世がかなったものの、ローマの幸運は尽きる運命にあったし、実際にそうなった。

ジェファーソンは、みずからの属す大英帝国が、ローマと同じ歴史的展開を進んでいると見ていた。そして帝国からアメリカを切り離す必要があると考えた。印紙税、気まぐれな英国総督たち、重商主義の貿易制限が許容できなかったからではない。許容できなかったのは、イギリス人にとっての自由のために、自治の力をもった民の立場が否定され、急速に衰退していく帝国の臣下という立場に押し込められることだった。だがジェファーソンは、大英帝国がアメリカのあるべき姿として設計した農業経済に対しては、特に異論をもたなかった。

ニューヨーク人だったハミルトンはちがう考え方をしていた。彼の考えによれば、自由は農村部でも都市部でも生じうるし、都市部にいる下層民も、農村部にいる貴族階級の大地主集団も、その自由を脅かす存在となりうる。農業で自給自足を成り立たせるというイデオロギーで自由を守ることもできるが、共通の繁栄のために分業する利益集団が重なり合った社会でも守ることができる。もっと言えば、都市部における商業の繁栄こそ、善き社会、自由な社会のために不可欠だ。街に住む人々が貧しく余裕のない状態だとしたら、自由を支持することはできない。農村部がどれほどせっせとカネを貯め込んでいたとしても、重要な工業力をもたないとしたら、英・仏・蘭・西の侵略から身を守ることはできない。最大限によいほうに転んだとしても、外国の同盟者に不本意で不公平な依存をせざるを得なくなってしまう。

　ジェファーソンから4代あとの第7代大統領に就任したアンドリュー・ジャクソンは、農村部が支えるアメリカというモデルにこだわり、意識的にジェファーソン流平等主義のスタンスをとっている。ジェファーソンが概念的な存在としての「開拓地の自由農民」に寵愛を示したのに対し、ジャクソンは具体的な存在として庶民を愛した。そしてジェファーソンと同じく、銀行家や、政治と癒着した商人を軽蔑し、財産の額を理由に「普通の人《コモン・ピープル》」（白人男性のことだ）に参政権を与えない制度の支持者を批判した。特に1814年末にミシシッピ川流域に馳せ参じてジャクソンをニューオーリンズの戦い〔米英戦争〕に勝利させてくれた——と彼が信じている——銃を手にした農民たちの存在が、ジャクソンにとってはきわめて重要だったのである。仮にジェファーソン流、ジャクソン流が続いていたならば、アメリカは「農村的な」「アングロサクソンの」「南部的な」「境界州的な」といったキーワードで語られる国になっていただろう。工業技術を牽引するのではなく、それを甘受・追随する立場になっていたことだろう。

＊

ワシントンDCの入り江タイダルベイスンにジェファーソン記念館がある。５セント銅貨にはジェファーソンの肖像が彫られている。一方、ホワイトハウスに面したラファイエット広場中央には、馬にまたがるジャクソンの堂々たる像が建てられている。そして20ドル紙幣にはジャクソンの顔が印刷されている。ではアレグザンダー・ハミルトンはどうかというと、彼が初代長官を務めた財務省の建物の前にぽつんと像があるのみ。10ドル紙幣の肖像画はハミルトンだが、現財務長官は、紙幣からハミルトンの顔を――そこから突き刺してくる彼の厳しい監視の目を――消し去りたいと願っている〔２０２０年以降に使用される新デザインの紙幣では、20ドル札の肖像画が、奴隷解放運動家のハリエット・タブマンという女性になることが決まっている。しかし当初、タブマンの肖像画はハミルトンと入れ替えで10ドル紙幣に起用される予定だった〕。（とはいえ、このように冷遇される一方で、ハミルトンの伝記を舞台化したラップ・ミュージカルが大ヒットとなっていることは、ぜひ指摘しておかねばならないが）。

しかし現在、アメリカ合衆国はジェファーソン＆ジャクソン流ではなく、ハミルトン流の国家として成立している。さらに言い添えておくならば、ジャクソンはジェファーソン主義に対してイデオロギーとして強い愛着を抱いていたにもかかわらず、ジャクソンおよび彼が属する民主党の政策は――第二合衆国銀行の廃止を追求したことは除いて――ジェファーソン流というよりもハミルトン流だった。

なぜか。理由は、ひとたび設置されたハミルトン・システムががっちりと根を下ろしたからだ。効果があったからだ。ハミルトン・システムはたちまちのうちに、ジェファーソン派の強力な政治集団の目から見ても排斥できないほど、強固かつ便利な存在となったのである。

ハミルトン・システム

ハミルトンが整えたシステムには、経済的のみならず政治的にも補強しあう四つの推進力があった。

- ●高率関税
- ●インフラへの大きな支出
- ●州の負債の連邦政府による肩代わり
- ●一つの中央銀行

経済再設計の狙いは工業化の促進だった。「はじめに」で指摘したとおり、目的はまだ新しくひ弱な国家の経済を現状の比較優位のほうに寄せていくことではなく、比較優位のほうを変えていくことにあった。そのための第一の手段が、伝統と支配力の両方を備えた製造業者であるイギリスから入って来る輸入製品へ高率関税をかけることだ。ここに関税をかければ、アメリカ独自の製造技術の開発・増強に投資するインセンティブになる。また、アメリカで生まれたばかりの製造企業がそうした投資をおこなっていけるよう、補助金を与える原資にもなる。

関税には別の目的もあった。連邦政府にとって大きな歳入源となることだ。輸入品の消費への課税はきわめて累進的な税で、事業に対する負担は小さく、反対に、地代で暮らす側には負担が大きい。そして関税収入は、領土拡張と経済発展に欠かせない集中的なインフラ開発計画を支えることになる。北部沿岸の商業と労働関連の利益集団だけでなく、西部の農民からの政治的支持も欠かせないので、それをとりつけるためにも、インフラ開発は必須だった（西部農民にとってはインディアンが邪魔なので、それを排除する軍隊を動かす財力を政府がもつというなら、支持と金銭的負担をするのもやぶさかではなかった）。

さらに関税収入のおかげで、連邦政府は、各州が独立革命を支えるために負った借金を肩代わりすることができた。その肩代わりによって中央政府の立場を強めると同時に（ハミルトンの計画の中心的な狙いだ）、現在で言う「ハゲタカ・ファンド」の18世紀版を実に気前よく清算した。州債を数分の一の価格で買い取っていた金持ちの金融家たちは、結局のところハミルトンの支持者だった。

連邦債を作り出したことは、新しい活発な金融市場の基盤になると同時に（これもハミルトンの狙いの一つだ）、政府の存続と成功に対して富裕層の利益関心を巻き込んでいく効果があった（こちらも狙いの一つ）。実際、彼は「国債は、それが過度でない限りは、国家にとって恩恵になる」という強く揺るぎない見解を示している。[9]（ちなみに、ユーロ圏がこの方向で充分な進歩ができずにいるのは、きわめて不幸で対照的な例である。彼らにはショイブレ、メルケル、オランドのかわりにハミルトンが必要だが、それに相当する人物が現れる様子はない[10]）。

4要素の最後は合衆国銀行だ。ハミルトンがこれを設計した狙いは、合衆国銀行を金融システムの中心にすることで、堅実さをもたらし、節制と制御を可能にして、山猫銀行〔銀行券の償還を免れるために、ひどく辺鄙な場所に設けられた銀行〕と山猫通貨を抑え込むためだった。

このようなハミルトン・システムが発展するにつれ、関税は上昇の一途をたどった。1816年には輸入製品の価値に対して約35パーセントになり、その後も上昇を続けた。[11] 19世紀初期の輸送コストは法外な高さだったので、そこにこの高率関税が加わることにより、徹底的に製造業を保護したというわけだ。短期的には消費者の犠牲のもとで生産者をうるおし、そのままでは動かない富を、工業技術によるダイナミックな成長へと流し込んだ。

関税は高いまま維持された。1世紀以上にわたり、北大西洋で一番高い関税率の座に居座った。蒸気船と鉄道が輸送コストを大きく軽減すると、アメリカの幼稚産業――すでに世界最大となりつつあったのだが――を守るため、関税はさらに高くなり、やはりそこから下がることはなかった。産業の成長、国内のインフラ整備、そして国内税の低さによってみずからが恩恵を受けると認識していた層が、数世代にわたって高率関税を喜んだからである。自分がイギリス製品を輸入する際にも負担が重いのだと知っていてもなお、彼らはこの関税を支持した。

アメリカがようやく関税を引き下げたのは、第二次世界大戦の後のことだ。アメリカは世界に対する支配的立場に加えて、新たに生じた国際的責任を引き受けることとなった。そして本格的に自由貿易へと軸足を移し、自由な世界の経済統合を広げることが国家の方針となった。この頃には、産業および経済におけるアメリカの圧倒的な力は揺るぎないものと見られるようになっていった。

しかし、経済の歴史を振り返ってみれば、数多くの国が開発主義的（発展志向の）関税を敷きながら、発展を導くことに失敗している。幼稚産業を保護し、同時に政府の財布を満たしておく関税という仕組みは、たしかに国家の恩恵となりうるのだが、同時に負担となる可能性もある。守る対象の産業に実際の成長――技術面と組織面で――が見られなければ、生じるのは負担だ。保護関税を敷くだけでは充分ではないのだ。

実際、ハミルトン式の賭けを成功させるにあたり、アメリカは次の二つの要件を満たす必要があった。

- ●アメリカの産業に競争力をもたせる技術発展の機会があること。
- ●その機会を何が何でもつかむこと。

蒸気船からインターネットまで、アメリカで幾度となく繰り返されているように、このときも政府の大きな財政支援のもとで技術機会の追求がおこなわれた。陸軍省の予算を回して、スプリングフィールド造兵廠などで将来有望なハイテク産業を育てたのは、のちに「民生転用《スピンオフ》」と呼ばれるようになった仕組みの始まりだ。勝ち馬の選択は的確だった。ここで言う勝ち馬とは、標準化された部品、できれば互換性のある部品による財（スプリングフィールド造兵廠では銃器）の組み立てと、非熟練労働者と高度化しつつあった機械の活用だ。ここから、イノベーションを生みやすく資源多消費型の高生産性製造業を支える「アメリカ式システム」が生まれた。

一方でアメリカは外国の知的財産を尊重しない判断をした。製造にかかわる所有権だけではない。イギリスの作家チャールズ・ディケンズは、ベストセラー作品がアメリカで売れた際の印税を回収できなかった。イギリスとしては、多国間提携交渉を通じて19世紀のアメリカに断固たる知的財産保護を強制したかったはずだが（現在のTPPを思わせるような環大西洋パートナーシップを結びたかったにちがいない）、アメリカは受け入れの検討すらしなかった。

関税と、国家ぐるみの知的財産拝借行為。さらに、それらと同じく重要だったのは、木材、鉄鉱石、石炭その他の原材料がアメリカでは途方もなく安かったことだ。このなかでイギリスでも安価だったのは石炭のみ。つまりイギリスでは、（高賃金だった）労働力のみならず、（きわめて安価な石炭以外の）あらゆる原材料を効率的に使用できる工業技術分野のみにおいて、技術発展を追求せざるを得なかった。アメリカはそれとは対照的に、労働力さえ効率的に使えれば、あとは容易に手に入る資源を使ってあらゆる種類の工業技術を追求することができた。

技術ポートフォリオが幅広ければ、そこから国を牽引する優秀な技術が発展するのは当然のなりゆきだ。

むしろ技術開発が進むと、それらは木材や鉄鋼などの原材料が高いままのイギリスにも勝る卓越性をもつようになった。

イギリスは消費と土地に主眼を置いた税制を敷くことで、土地以外の資産をおどろくほどに政治から保護していた。そして技術志向の文化があった。だが、だとしてもなぜ、第1世代の技術はイギリスで生まれたのだろうか。なぜ、たとえば（相対的に裕福だった）18世紀のオランダでもなく、さもなければ紀元1世紀の古代王国アレクサンドリアでもなかったのか。工業技術の第1世代がイギリスで発展した理由は、それらがイギリス以外の場所で展開しても利益が出なかったからだ。イギリスは、どこよりも石炭が安く、どこよりも実質賃金が高いという、一種独特な立場だった。賃金が高かったのは、この国が商業面でも武力面でも、世界の海を支配していたからだ。ボイラーまで運ばれる石炭のコストが安かったのは、地理的な条件に恵まれていたからだ。このふたつは間違いないのだが、この国で技術発展が進んだ理由は、ほかの重大な要素も大きかった。一つは、議会優位の政治経済が成立していたこと。そして、選挙権をもつのが大商人と地主貴族《ジェントリ》階級であったこと。さらにもう一つは公用収用だ。議員を選ぶ地主貴族階級が、石炭を掘って運河で運ぶという複合ビジネスにカネの香りを嗅ぎとってからは、もうそれをブロックするほうが無理というものだった。

こうして、18世紀のイギリスにおいて発達した工業技術の第1世代は、18世紀後半のイギリスの要素比率、18世紀後半のイギリスの要素価格に合わせて設計された。実際のところ、それらはランカシャー以外では導入しても利益の出ない技術だった。

だが、そこからの経緯を早送りして考えてみてほしい。3世代目、すなわち19世紀なかばのイギリスで発展した紡績、織物、動力および鉄の技術は、ドイツ西部のルールでも、ベルギーでも、ニューイングランドでも、そしてイギリス内の高賃金かつ水路アクセスのよい場所以外でも、導入して利益を出すことが可能な技術となっていた。5世代目、すなわち19世紀末頃に開発された工業技術は、市場と政治が許しさえすれば、どこに導入しても利益を出すことが可能だった。

同じことが、ハミルトン・システムによって発展したアメリカの技術にも当てはまる。アメリカの工業技術の第1世代、すなわち19世紀なかばに開発された技術は、原材料として木材や鉱石をあまりにも多く使うので、イギリスには不向きだった。前述のとおり、イギリスで安いのは石炭だけだったからだ。イギリスの労働者には「さっさと向こうの土地に行く」〔マーク・トウェインの小説『ハックルベリー・フィンの冒険』に出てくる表現。物語の最後で主人公のハックルベリーは、伯母に「文明化」の躾をされるのを嫌って、インディアン居住地に行きたいと語る〕という選択肢がないので、労働者を多く投入して木材と鉱石を節約するほうがマシだった。だが3世代目、すなわち20世紀初頭のアメリカで発展した技術は、イギリスですらも導入して利益を得ることが可能なものとなっていた。さらにその後、5世代目の工業技術、すなわちヘンリー・フォードが生み出した大量生産モデルは、どの土地で導入しても利益を出せるものとなっていた。

「互換性部品」を普及させたのは発明家のイーライ・ホイットニーである。陸軍省から対応不可能な量のマスケット銃製造を依頼された時点では、ホイットニーは「現実歪曲空間」を生み出していた〔現実的な実現可能性がよくわからないのに、なんとなく感動させて煙に巻き、大丈夫だと思わせてしまうこと〕——互換性部品でできるというのは誇張表現だったというわけだ。だが、誇張だったのは最初のうちだけである。イギリスは150年以上も——最初の蒸気機関が建造され、炭鉱から水を吸い出せるようになり、ロンドンに燃料が運ばれるようになってから——産業革命の本拠地という座を守っていたにもかかわらず、そして、19世紀なかばのイギリスの人口はアメリカの2・5倍、技術者の数は4倍であったにもかかわらず、互換性部品が生まれたアメリカへイノベーションの力点は移ってしまった。

こうした経緯があったために、南北戦争が始まる前から、大西洋東側はハミルトン・システムとその成功に危機感を抱いていた。イギリス議会は調査委員会を設置したが、理解できないアメリカの状況に困惑するばかりだった。自国の製造業に高利潤をもたらし、そこで働く労働者に高賃金を払い、さらには互換性部品でイギリスの技術を上回る修理しやすさを実現するなど、いったいなぜ可能なのか。ハミルトン・プロジェクトは、イギリスの経済学者デヴィッド・リカードの比較優位論にも、アダム・スミスの自由市場にも反している。そして大胆だ。経済活動の方向性を命令するわけでもなく、かといって無節操に放り出すわけでもない。のちにフランスが制経済的《ディリジスム》と呼ぶ方法で、アメリカ経済は進むべき方向へと導かれていた。政府が産業発展に対してサポートを提供し、企業はそのオファーを蹴ることも可能であるにもかかわらず、蹴らないことを選ぶのである。そうしたあり方は自由市場ではなかったし、当時のアメリカの比較優位に沿ったものでもなかったというのに、結果的にはおろかな選択ではなかった。むしろ、もっとも賢く知をこらした設計だった。おかげで次に挙げるような、絶大な価値をもつ技術革新・組織革新が、世界にもたらされた。

●互換性部品を使うアメリカ式システム
●フォード社が生み出した大量生産モデル
●チャンドラーが提唱した階層制組織
●産業の研究開発に対する政府のサポート。それが20世紀後半のゲームの流れを決定づけた

アメリカの工業技術は、要素比率と要素価格のちがいによる産物に過ぎず、イギリスの産業革命のような質的な変化ではなかった——と言うとしたら、それは産業革命の本質を誤解している。産業革命というのは、自国の要素比率や要素希少性に適した技術を、既存の設計図集からピックアップすることではない。むしろ

継続的な探索と革新のプロセスだ。実際に導入してみて、もっとも生産的かつ有益だったアイデアを急速に拡大し、そこからさらに発展していく過程も含めて産業革命なのである。

はたして成果は絶大だった。しかもまったく予想外だった。ハミルトンは、製造、技術、第二次産品の輸出、企業組織、銀行、金融に主眼を置くのが良い方策だと確信していたが、彼も彼の支持者たちも、それがどれほど大きく吉と出るかわかっていなかったのだ。誰にもわかっていなかった。アダム・スミスも当然わかっていなかった。最初にそれを理解する人物が登場するのは、数世代もあとになってからのことだ。イギリスの数学者チャールズ・バベッジと、その同時代の知識人は理解していた。それから、ハミルトンから半世紀後のカール・マルクス、フリードリヒ・リスト、その同時代の知識人は理解していた。だが彼らでさえ驚愕はしたはずだ。どれが最高の技術となるのか、長期的にどんな便益が生じるのか、予測する方法などなかった——実験だけがそれを明らかにしていったのである。

古典派経済学および新古典派経済学の主張——理論的には、開発政策のよしあしがものを言う——が当を得ていないわけではない。ただし、どこまでを一つの経済と見るか、その境界線が曖昧だ。指しているのは一国家の経済なのか、それとも国際経済なのか。為政者にとってこれ以上に重要なちがいはない。大量生産できる組織の成長と、スピルオーバーする技術的手法の発明によって、力強く生産的な経済が生まれるのだとすれば、輸入製品に課税するという乱暴な技よりも、有能な大型組織や有能な技術革新に対して財政支援をするほうが好ましい。

だが、有能な組織と、スピルオーバー効果の見込める有能な技術革新だけに、効率的に財政支援をするためには、医療用のメスが必要だ。ところが政府の手元には大ナタしかない。補助金を受けるに値し、その補助金を有効に使える組織や技術コミュニティを特定するのは不可能だ。とにかく充分な保護を与え、輸出していけるように支えながら、それが成功するかどうか見守っていくしかない。

訓練された経済学者はこういう仮定で考える――あらゆる変化は、拮抗力によって安定している市場均衡に新たな均衡をもたらす、と。変化の強さに対応して拮抗力も強くなるので、当初の均衡からの小さな逸脱が大きく広がりにくい。つまりどちらの方向にどんなシフトが起きようと、結果的に小さな変化にしかならない可能性が高いというわけだ。だが、本当にそうだろうか。

本書著者である我々は、産業化時代の相対的繁栄に大きな差があった点に注目している。1500年頃を見れば、繁栄と人口密度という面で世界の経済的リーダーはアジアの国々だった。しかし1740年から1970年のあいだで、アジアと北大西洋間の物質的繁栄の差は1対2から1対30に広がっている。そして産業化時代のアメリカは、自然環境と歴史と政治文化という面で、19世紀初頭、そして現在でもアメリカと同じ程度に恵まれているように見える国々とくらべて、生産性で2対1の優位をもっていた。20世紀初頭に「新世界」となった経済圏はほかにもあるが、それらの国々とくらべれば2倍の人口密度となるペースでアメリカに移民が流入したのは、この生産性の差が理由だったと思われる。20世紀はイギリスの世紀でもなく、北大西洋の世紀でもなく、英語圏の世紀でもなく、アメリカの世紀だったと本書は見ている。

これを必然的な均衡現象として理解するのは難しい。ヨークタウンの戦いに参加したアレグザンダー・ハミルトンが、このとき砲弾に当たって死んでいたとしても、生き延びてアメリカの初代財務長官になったとしても、どちらにせよ同じ結果が達成される運命だったと考えるのはどうにも無理がある。

ハミルトン・システムには耐久力があったのだ。イデオロギーのレベルではハミルトン・システムを嫌う派閥が政治的勝利を収めていったにもかかわらず、ひとたび始動したハミルトン・システムは、おどろくほどの揺るぎなさを発揮した。

第7代大統領アンドリュー・ジャクソンの政治キャリアを考えてみよう。選挙権を拡大し、普通の人――連邦派、大農園主、商人、ホイッグ党エリート以外の人々――に発言権と統治権を与えようとするジャクソンの基本姿勢と、世襲によって肩書と財産を得ているエリートへの嫌悪感は、彼が結成した民主党を駆り立てるエネルギーだった[12]。しかし、アメリカ経済発展の針路を、商人と製造業者と運河建設業者と銀行家の手にあずけまいとするジャクソンの試みは成功しなかった。彼のもとで民主党に属した政治家たちも、その後を継いだ者たちも、ジャクソンが存命中からそれを実現する努力を放棄している。ハミルトン・システムは実利的に筋が通っていたからだ。

全員にとって筋が通っていたというわけではない。ハミルトン流の関税が、イギリスの輸出業者にとって不満のタネだったことは事実だ。外国製品を大量購入する人々、主にアメリカ南部沿岸に住む人々も強い反対を示していた。1828年に関税率が50パーセントを超えると、彼らはこれを「唾棄すべき関税」と呼び、南部民主党員が立法府で与党側になるたびに関税引き下げを押し通した。1846年のウォーカー関税は、平均関税率を23パーセントに下げている。1857年の関税はさらに17パーセントに下がった。しかし南北戦争中、議会から南部連合国の議員たちが姿を消すと、関税はたちまち元に戻っている。1861年のモリル関税で平均税率は33パーセントに上昇し、1900年までおおむねそのまま維持された。高率関税政策が完全に息を引き取ったのは、スムート＝ホーリー法の成立後、1931年のことだ。

ジャクソン政権で副大統領を務め、その後に第8代大統領に就任したマーティン・ヴァン・ビューレンと、同じくジャクソン政権を支えて南北戦争前の民主党を率いていた者たち、その後継者たちは、開拓地の自由農民に寵愛を注ぐジェファーソン主義をさらに具体的にしたジャクソンの思いを共有しなかった。国立銀行と東部エリート商人層に対してジャクソンが抱いた嫌悪感も共有しなかった。彼らにとっては支持基盤を釣るためのエサでしかなかったのだ。だが、仮に共有していたとしても、実際にその方向を追求していく政策は棚上げしていたことだろう。それを支持する有権者はいないも同然だったからだ。

西部に住むアメリカ人は、運河と道路が必要だった。先住民を排除する力を持った軍隊が必要だった（排除のみならず、未開拓地の軍事的境界線が西へ進んでだいぶ経ってから、裁判所命令によらないプロセスでチェロキー族からノースカロライナの農地の3分の1に相当する土地を奪った）。そして、河川の浚渫や、浸食・洪水予防対策をおこなう陸軍工兵隊が必要だった。

北東部に住むアメリカ人は、彼らにとって市場であり、天然資源の供給源でもある西部との、可能な限り安い連絡手段が必要だった。イギリス製の製品のほうが品質がよかったので、アメリカの製造業者が栄えていくためには、イギリスの製造業者に対抗する手段として関税が必要だった。もちろんハミルトン流の関税は、連邦政府の主要な財源でもあった。

南部に住む白人の小規模農家は、チェロキー族の土地をいただきたがっていた。白人農家は南部・北部ともに、自分の子どもに西漸のチャンスがあることを望んでいた。同じ南部でも、プランテーションを経営する大農園主たちはどうだったかというと、彼らはハミルトン・システム下で自分たちが一番割を食っていると考えていた。高率関税のせいで、ニューイングランドで製造される二流品を買うか、それとも連邦財務省にお布施を払うか、二者択一を強いられていたからだ。だがそんな彼らにもハミルトン・システムは恩恵を与えていた。ほかの土地で富を追求するアメリカ人と同じく、南部の農園主にとっても交通・輸送網は物質的な得をもたらすものだったからだ。また、東海岸の近くでは土地の疲弊が始まっていたので、フロリダ、テキサス、ミズーリなど奴隷のいる土地へ領土を拡大し、将来的にはカリブ海へも領地拡張をしていく見込みに対して、むしろ農園主は大きなメリットを感じていた。

状況が緊迫してくると、農園主でさえ、帝国主義的領地拡張と「明白なる天命」〔合衆国を拡大すること〕を追求する強い連邦政府を必要とするようになった。北部の過激な奴隷反対派を食い止めるという意味でも、強い連邦政府が必要だった。南部の地域的な秩序を国家全体の政策の優先事項とするためには、北部に政治的なパートナーが必要だった――賢い南部の政治家たちは、投票で国家を動かすためにはハミルトン・システムの支持者として票を投じるのがベストな道であると気づいていた。

表面に見えていたのは、リンゴ酒と、（白人男性の）普通選挙権と、ケンタッキー銃をかついで独立戦争に挑んだ民兵への美辞麗句だったかもしれない。だが、そうやってジャクソン主義のメンツをとりつくろいながら、実際にはハミルトン主義の政策が次々と花開いていったのである。

＊

ハミルトンが創ろうとした経済を構成する最後の要素は、政府のための金融政策を固めることだった。ハミルトンにとって、アメリカ経済の金融化は目的ではなく手段だった。アメリカの金持ちたち――負債の肩代わりで成功した成金たちを含めて――が、紙くず同然の州債ではなく価値ある連邦債を保有することで、彼らの財力が国家の成功のために投資されるという点に意味があった。もしもイギリスによる統治に逆戻りしたら、それはアメリカの金持ちたちにとって金銭的損失になるというのも、国債がもたらすメリットの一つだ。さらに忘れてはいけない点として、商業と製造業の成長のため、才能やアイデアをもつ人々と財力をもつ人々とをマッチングさせる必要があった。ハイ・ファイナンスの核たる役割だ。

そうしたマッチングを支える活発な金融市場を実現する第1のステップが、アメリカ国債という厚い市場で、アメリカの金持ちたちを証券の売り買いに慣れさせることだった。第2のステップは、手形交換所の役割を果たす国立銀行の設立だ。経済用語としての「山猫《ワイルドキャット》」という表現は、石油業界の用語〔まだ石油が出たことのない土地を掘る試掘井のこと。転じて、一か八かの投機をおこなうこと〕ではなく、銀行業界に由来がある。そもそも褒め言葉ではなかった。山猫と呼ばれるような銀行は辺境はるか遠くにあるので、その銀行が発行した紙幣を使おうにも、バンカーがとっくに山猫に食われていて、紙幣を保証する人間が誰も残っていない可能性がある、というわけだ。もっと大きく、財力をもった銀行を設立せねばならないのはもちろんだが、それ以上に、制御可能で安定した銀行システムを作る狙いがあった。

ハイリスクを望むウォール街の金持ち坊やたちを生み出すのが目的ではなかった。連邦政府の成功のために富裕層を一致団結させること、そして、連邦政府による債務肩代わりによって、連邦政府による銀行の設立によって、その成果としての金融市場の深化によって商業・産業団体を成功させていくために、富裕層を結託させていくことが目的だった。

あらゆることが、商業、銀行、産業を促進するハミルトン政策の利点を雄弁かつまざまざと物語っている。公債の肩代わり、国立銀行の設立、連邦政府による製造業の奨励。陸軍および海軍と、その装備と供給を支える国内産業の確立。内陸交通手段の改善、そしてインフラ開発への資金供給、高品質の輸入製品から幼稚産業を守る関税をベースとした税制度。すべてハミルトンが主張して実施されたのである。

ハミルトン・システムから大量生産モデルへ

ハミルトン・システムは定着した。効果を示し、徐々に姿を変えて、アメリカ式製造システムを生み出し、フォード社による大量生産モデルを成立させた。そして、これ以降のすべてのアメリカ経済再設計の道筋を作った。ただし、経済成長のために政府は何ができるか、どのようにそれをすべきか、という点においては、これ以降も利害と妥協の見苦しい交錯をともなうのではあったが。

いずれにせよ、経済再設計の道筋はこうだ。政治家が政策を作る。その政策が利益集団を生み出す。その利益集団が、自分たちの立場を安泰にするために努める。

こうして政治の車輪が回り始めると、議員でなかった時代には産業開発と経済再設計の政策に反対した政治家たちも、この政策に背を向ければ自分たちの支持者に著しく不都合になると気づく。ある党の政権で始まった開発主義的イニシアチブが、政権が反対政党に移っても引き続き維持されていく。

19世紀のアメリカの工業および製造業が、技術発展という面で他国と同じ末路をたどらなかった理由を経済学者が考える場合、豊富な天然資源を生産において極端に「多消費的に wasteful」使ったからだという答えになりやすい。天然資源がゆたかで、その獲得費用が信じがたく安かったおかげで、この多消費がアメリカに経済的効率をもたらしたからだ、と。アメリカの技術者や製造業者たちは既知の設計図のなかからあれこれ技術をピックアップしただけであって、新しい技術、これまでとはちがう技術、もしくはより優れた技術を生み出していったわけではないと、経済学者は考える傾向がある。

だが、ほかの「ヨーロッパの温帯入植地」を見てみれば、それぞれの19世紀に資源を活用した製造技術でアメリカと同様の競争力を伸ばした経済圏はなかった。生産力拡大の取り組みにおいても、アメリカに匹敵した国家はなかった。彼らはもっぱらイギリスの技術者に頼り、それゆえにイギリスの製造技術を使い続けた。一方ハミルトン・システムが成功した理由は、アメリカの要素比率と要素価格に「長期的に」適した技術を選んだから、というわけではない。長期短期のちがいではなく、そもそも既存の設計図から選ぶことをせず、新しい技術の可能性を探っていた点にこそ、ハミルトン・システムの最大の強みがあったのだ。

ハミルトン流の方策はアメリカ式製造システムとなった。これは予想されなかったことではなかった。だが、その後に大量生産モデルを生み出したのは、ほとんど誰も予想していなかった展開だった。以来、このモデルは全世界に広がり続けている。カナダのシステムでも、アルゼンチンのシステムでも、オーストラリアのシステムでも、ましてやウクライナのシステムでもない。世界に広まったのはアメリカのシステムだ。主な労働力が非熟練者で、識字能力が低く、製造業に適していたという点と、その労働力とくらべてもさらに安上がりな天然資源を持っていたという点は、カナダも、アルゼンチンも、オーストラリアも、ウクライナも同じようなものだった。資源多消費型の生産活動をかなえるほどに天然資源が安く豊富だという条件は、たしかに製造パワーをもつにあたって必須要件だったが、それだけでは充分でなかったのだ。産業発展を支える政府の存在が結果を左右したのである。

必要なのはアレグザンダー・ハミルトンだった。当時のアメリカが、まさに必要なタイミングで得ていたのは、アレグザンダー・ハミルトンだったのだ。

第2章　さらなる再設計

――リンカーンからフランクリン・D・ルーズヴェルトまで

第16代大統領リンカーンと、彼が率いた19世紀なかばの共和党の歴史は、とびぬけて重大だった功績に焦点を当てて語られることが多い。奴隷制の廃止、合衆国の保全、南北戦争などだ。だが、彼が成し遂げたのはそれだけではない。リンカーンのもと、アメリカ経済の再設計がおこなわれているからだ。

ハミルトンと、その支持者たちは、経済の枠組みを固めてしまったわけではなかった。関税、交通インフラ建設の支援、ハイ・ファイナンス、互換性部品のような有望な技術への補助金などを通じて市場を育て上げはしたものの、そこに経済のありようと運命を丸投げしたわけではなかったのだ。このため、アメリカはそれ以降も大がかりな経済の再設計を重ねることになる。

リンカーンと、彼のあとに続いた共和党選出の大統領たちの時代の再設計は、主に自由労働をめぐっておこなわれた。歴史研究家エリック・フォナーがかねてから強調しているとおり、南北戦争前の共和主義のイデオロギーは、単に奴隷制が悪だと主張するだけではなく、自由労働こそ大いなる善である――政府からのあらゆるサポートを受けるに値するという考えだった。[1] あらゆるサポートとは、まずはとにかく、現時点で奴隷制が存在する地域で奴隷制を制限すること。次に、今後の奴隷制を防止し究極的には完全なる消滅へもっていく。さらにそのうえで——軍事的必要性と道徳的要請が一致し、１７８９年の合衆国憲法をめぐる駆け引き〔権利章典〕への固執が覆ってから——奴隷解放と公民権付与に乗り出すというわけだ。それだけではない。ノウ・ナッシング党、すなわち「アメリカ党」〔１８５０年代に外国人排斥を求めた政治運動〕が求める移民規制を拒否したのも、自由農地《フリー・ソイル》法と呼ばれたホームステッド法を制定させたのも、そのサポートのうちだった。公有地供与による大学機関設立と、それを通じた自由な教育を提供したのも、自由な一般企業を推進したのも、同じことだ。一般企業が規模と重要性の両面で急成長しているという、アメリカのビジネスにおける新たな現実を受け止め、いっそう伸ばしていくために、新たな法、金融、ビジネスの構造が整えられた。最大の、そして経済システムにとってもっとも重要だった企業は、もちろん鉄道会社だ。

19世紀の共和主義政策は、すなわち反奴隷の取り組みであったことが重要なのだが、同時にこれは一連の経済政策でもあった。それまでの方針を適切に補完し延長していくことを重視していた。そもそも反奴隷制の立場をとる狙いは、最終的には自由労働経済を導くことにあった。ただ奴隷を解放する——人的資本の所有権を奴隷所有者から本人に移行する——だけではなく、労働市場の交渉力に変化を起こすことによって、自己所有権というものを成り立たせるのだ。奴隷制が社会慣行として生き続ける限り、奴隷ではない労働者は、奴隷賃金が支配する労働市場において競わなければならない。つまり奴隷の解放とは、労働の解放を意味していた。

リンカーンと、彼のあとに続いた共和党選出の大統領たちは、ハミルトン・プロジェクトに倍賭けした。関税にいっそう力を入れたのだ。何しろ連邦政府には歳入が必要だった。１９１３年に憲法修正第16条「所得税の賦課及び徴収」が批准されるまで、南北戦争中を除き、関税は政府にとって最大の財源だった。ただし（第1章で示したとおり）工業化を推進するハミルトン流の関税は、アンドリュー・ジャクソン政権から南北戦争までの1世代のあいだ、ゆるやかに引き下げられている――1828年には50パーセントに到達し、「唾棄すべき関税」と言われたが、これが1846年には23パーセントになった。それでも南北戦争中に南部連合国の議員が議会から不在になると、関税はたちまち上昇した。1861年には33パーセントになり、その後50パーセントに戻っている。戦争終結後もほぼ1世代にわたって、南部の議員が与党共和党の一員となることはなかった。共和党は奴隷を解放した党なので、第1次再建期が終わった1877年以降、南部の議員はほぼ例外なく民主党に属していたからだ。そのため保護関税の上昇を法の力でブロックしても、共和党の議席数が優勢となるたび、それは覆されるのだった。そもそも1856年に民主党のジェームズ・ブキャナンが第15代大統領に選出されてから、1912年に同じく民主党のウッドロウ・ウィルソンが第28代大統領に決まるまでのあいだに、民主党から選出された大統領はひとりしかいない。こうして高率関税は共和党の経済政策の一つとして、アメリカの統治の中心にいっそう深く食い込んでいった――もはやハミルトン時代の幼稚産業ではなくなった製造業が、この頃には世界でも最大・最強の存在となりつつあったというのに。

ポスト南北戦争世代に、蒸気船と鉄路によって国際輸送の莫大なコストが軽減されると、アメリカは新たな技術がもたらす効率性向上を相殺するべく関税率を押し上げた。世界では自由貿易と低率関税を推進する自由主義的思想がまたたくまに優勢となるなかで、アメリカは唯一の保護貿易国家だった。ヨーロッパは1860年から1879年にかけて関税引き下げを進めている。イギリスが先駆けとなって関税を下げ、1860年にはフランスがそれに続いた。1875年の時点でフランスの平均関税率は12―15パーセント、オランダは3―5パーセント。ドイツは4―6パーセント。イギリスは0パーセントだ。[2] 同時期のアメリカは50パーセントである。[3]

19世紀のアメリカにおいて、高率関税は政治的に支持を得やすかった（いまだゲームに参加できずにいた南部は除く）。第22代大統領のグロヴァー・クリーヴランドは、1888年に再選を狙って大統領選に出馬した際、関税引き下げを主要な公約として掲げて、敗北を喫している——その後1892年に第24代大統領に返り咲くにあたっては、別のテーマを選挙の争点に掲げ直す必要があった。第25代大統領のウィリアム・マッキンリーも、1890年にマッキンリー関税を成立させた増税推進派としての手柄を強調することで、1896年に当選を果たしている。こうしてアメリカの高率関税は維持された。世界の自由貿易のリーダーという役割に切り替わったのは、第二次世界大戦を迎えてからのことだ。

ハミルトンのプロジェクトを遂行するにはインフラに多額の投資をしなければならない。南北戦争後のアメリカでインフラとは鉄道を意味した。19世紀末頃には敷かれたレールの長さが20万マイル（約32万キロ）に到達している（現在の州間高速道路の5倍の長さだ）。すべて民間所有、すべて民間経営だ。そしてほぼすべてが何らかの形で公的な補助金を得ていた。補助の方法の一つが、鉄道建設の対価として公有地を付与することだった。1億8000万エーカー（約70万平方キロメートル）の公有地が鉄道会社に与えられた——マイルに換算すれば28万1000平方マイルなので、正方形だとすれば1辺が500マイル以上。領土として考えればイギリスの数倍の面積だ。だが大きな正方形1つより、鉄道沿いの土地のほうがはるかに価値がある。まさに国家による最高の贈り物《ソブリン・ギフト》だった。

19世紀の鉄道がどれほど大きくアメリカの姿を作り変えたか、その範囲たるや過去にも、これ以降にも例がない。鉄道は東部をつなぎ、西部を拓いた。新しい農場、鉱山、工場、都市を生み出した。鉄道に対する主要な供給業界、具体的には急成長していた鉄鋼産業——ほどなくしてアメリカの鉄鋼産業が世界最大となる——と石炭産業、そして機械工業にとっては、生産量、品質、生産性の著しい伸びにつながった。さらには鉄道によって労働力のニーズが際限なく高まり、移民の労働力が増えた。鉄道以外の多くの産業にも、実現しうる最大の規模拡大と効率性向上がもたらされている。農業も例外ではなく、市場拡大により穀物の生産性が250パーセント伸びた。そして、経済空間が新たに開かれれば当然の流れとして、イノベーションに次ぐイノベーションが生じていく——かつては予想もされなかった応用も誕生している。

通信販売のシアーズ・ローバック・アンド・カンパニーは、鉄道が実現した「かつては予想もされなかった」ビジネスの初期の例の一つだ。シアーズのカタログ冊子には、農家の家族が——都市の家族も——欲しがるあらゆるもの、もしくは想像でしか知らないようなあらゆるものが載っていた。注文票に欲しいものを記入すれば、品物が鉄道の郵便車で運ばれてくるので、それを地元の郵便局で受け取り、代金を支払う。実に賢いビジネスモデルだ。シアーズは世界最大の小売業者に成長し、ほぼ100年にわたってその座を守った。このように鉄道によって登場した多種多様な新ビジネスは、多くが急速に大企業になった。食肉販売会社スウィフト・アンド・カンパニーもそうだ。当初はシカゴの鉄道合流地点そばで牛を解体するという発想だったが（フォード社で組立ラインが生まれるより前に、解体ラインを発明していた）、その後に牛ではなくステーキやチョップを、鉄道の冷凍車に積んでニューヨークやボルチモアに送るという案を思いついた。

急ピッチで進められたアメリカの鉄道建設では賄賂が横行した。無駄も多かった。強引でもあった。しかし南北戦争後におこなわれた、鉄道への補助金投入の倍賭けは、大陸をまたがる市場の創出に必須だったのだ。その市場でアメリカの起業家たちが、高生産性で、規模が大きくものを言う、大量生産型の産業を築いていった。そうした産業がアメリカを、のちにソ連の政治家レフ・トロツキーが「未来が作り上げられる鍛治場」と表現する存在にしていったのである。[4]

地方の独占――その土地の生産者や商人が少量の品物を高値で売る――も、鉄道の普及によって消えていった。多彩な商品を低価格で、高い標準品質で、しかも大量生産で扱う全国規模の独占が生まれたからだ。

こうした鉄道の革命的なインパクトは、海岸まで到達して終わりではなかった。海岸から先は鋼鉄の蒸気船と手を組んだことで、たとえばドイツのブレーメンの港ではアメリカ中西部の穀物のほうがプロイセンのライ麦よりも安くなった。それがきっかけで生じた危機から、ビスマルクの「鉄と穀物の同盟」〔産業資本家と地主の同盟〕につながり、これがドイツの急速な工業化の政治経済的基盤となった。

自由な企業

新しいタイプの企業――特に大型の企業――の誕生がどれほど異様なことであったか、現代の私たちにはほとんど汲みとることができない。観念としてであれ、定着したルールとしてであれ、さらには一つの社会としてであれ、自由放任の私有財産制資本主義という流れの新型企業が誕生したのは異様なことだったのだ。近代の企業には破格の特権が与えられている。何しろ所有者は必ずしも借金を払う必要がない。仮にどれだけ派手に倒産したとしても、株主が会社の負債に対して負う支払い義務の最大総額は、自分が保有する株式の価値のみだ。株式の価値がゼロになったら株主は去っていくだけで、その他の資産が奪われることはない。債権者は法人格内にあるリソースにしか手を出すことができない。

この有限責任の原則は、債権者の権利と、債権者の私有財産、すなわち彼らが持つ債権の価値を衝撃的なほどに制限している。そうなった理由は実利主義だ。産業を発展させるためには、エクイティ・ファイナンスで大勢の人間から大規模に資金を集める必要があった。だが、共同経営者が一蓮托生となってすべての債務を背負う従来の企業のあり方では、それほど厳しい責任を担いたがる、あるいは担うことのできる投資家などいないに等しい。投資家は儲けのチャンスが欲しいのであって、自分の買った株式の価値を超える責任など負いたくはなかったからだ。その点は現代と変わらない。南北戦争後の共和党政権は、この責任を有限としたことに加えて、さらに別の制度も整えている。業務内容を定めた設立認許状の条件のもと、企業を、それまでのような半公共事業とはみなさないこととした。かわりに企業は実質的な「人」となった。法「人」はアメリカ国民と同様に、法にもとづく適正手続きの権利を有し、その生命、自由、私有財産を保障される。有限責任、活動範囲の無制限、そして法人格という破格の特権が、共和党の司法のもとで定められ、共和党の立法によって成文化したのである。これによって、倒産の憂き目にあってもなお継続して占有債務者による再建が可能という、私たちがいま連邦倒産法第11章と呼ぶ法令が定まった。このような前代未聞の法構造を新たに整えたのは、大企業の規模、複雑さ、その存在の重要性に反応した実利的な対応だった。私有財産の単位が小さい経済ならば、破産のカタをつける従来の方法として、裁判所前の階段で資産を競売にかければいい。だが、規模という面でもシステムとしての重要性の面でも過去とはくらべものにならないほど巨大となった企業に対して、その手法は用をなさない。なかでも最大の規模を有し（従業員数が数万人におよぶ場合もあった）、もっとも複雑で、システムとして明らかにもっとも重要であった企業は、鉄道会社だ。そして破綻が頻発したのも鉄道会社だった。投機家が大金を投じて債権者と株主（特に、最大の有望株に乗ろうとしていたイギリスの投資家たち）から株を買い取っていたからだ。しかし新しい法制度のおかげで列車は走り続けるようになった。走り続ける列車が、経済を動かし続けた。

このように私有財産の定義を大きく書き換えたのは、イデオロギーや理論にもとづいておこなわれたことではなかった。経済の構造・制度に生じた著しい変化に対し、実利的に対応したにすぎない。この頃の企業は大きすぎてつぶせないというほどではなかったものの、かといって、大きさと重要性を鑑みれば、運営を停止させるわけにはいかなかった。そしてビッグビジネス経済は、スモールビジネス市場のシステムとして整えられた規制や制御のもとでは回らないのである。

新しい自由な企業が成長したことで、法や規制は、新しい生産単位の規模に市場経済を適応させていく必要が生じたのである。だが、法や規制を動かしたのは企業だけではない。その他の変化も、より厄介な論争を伴い、政治的な一進一退を経ながらも、発展していくこととなった。

自由な土地

1861年に議会から南部議員が姿を消したあと、1863年に奴隷解放宣言が発布されるまでのあいだに、共和党はホームステッド法（1862年）を成立させた。21歳以上（21歳未満の場合は世帯主であることを条件とする）で、北軍に刃向かわなかった者ならば、誰でも申請を出して160エーカー（約0・6平方キロメートル）の公有地供与を受けることができる。5年にわたって定住し開墾すれば、その土地の権利が基本的に無料で得られるというものだ。この方策は領土から奴隷制を排除する役割があった。しかし、南北戦争が終わり奴隷制が争点ではなくなったあとも、新たな領土へと入植は数倍に拡大していく。最終的に150万件以上の申請が認可され、合計で2億7000万エーカー（約110万平方キロメートル）ほどの公有地が供与された。これは実に大規模な社会設計の取り組みであり、独立型農民──労働者《レイバラー》ではなく自由農民《ヨーマン》──の国家というジェファーソンのビジョンを実現するものだった。現在から見れば、政府資産を払い下げるなら高額入札者に売るのが当然かつ正しい方法と思われるが、このときはそれとは根本的に異なる手法を、しかも意図的に採用したのである。仮に中西部の土地をオークションにかけ、高額入札者に譲り渡していたならば、結果として、昔のロシアやラテンアメリカによく似た社会が生まれていた可能性が高い。大土地所有制、そして農業労働者――自由で独立した農民とは正反対の存在だ――の人口によって構成される社会となっていただろう。しかしアメリカはホームステッド法による社会設計を選んだ。このやり方は、ほぼ100年後のアメリカにも、かすかなこだまを響かせている。数百万のアメリカ人のために郊外の戸建て住居を計画的に供給し、自由に所有してよいものとしたときのことだ。これが大々的な郊外化を推進した。

「農地のために投票せよ」と訴えた共和党は、さらに「教育のために投票せよ」と言うための政策を実施した。1862年、やはり上院・下院に南部議員がいなかった時期に、共和党はモリル法を通過させている。ランドグラント大学法とも呼ばれる同法律は、若く賢いアメリカ人に、公有地供与によって新設された大学で教育を受けるという、新しいタイプの貴重な資産を獲得する道を開いた。これも社会設計の取り組みであり、ホームステッド法と同じく、およそ100年後にふたたび踏襲されている。復員兵援護法によって、帰還兵数千人を、政府による資金援助で大学へ行かせたときのことだ。これも、より生産性の高い経済と、より多くの知識と独立心と責任感をもった国民を創出するための重要な貢献だった。

さらに共和党政権は移民受け入れに積極的だった。共和党政権の主な支持者は、いずれも多くの移民労働者を必要としていたからだ。たとえば鉄道会社は、広範囲におよぶ建設作業で苛酷かつ危険な労働をさせるために、数万人という労働者を必要とした。政府が鉄道会社に供与した数百万エーカーの土地から利益を出していくためにも、そして列車で運ばれるものを生み出すためにも、入植する人々が必要だった。一方、巨大になりつつあった企業や炭鉱も、低コストで統制のとれる労働力を必要としていた。賃金を上げず、組合を結成させないためには、被雇用者が言語および国籍によって分断されていたほうが都合がよかった（共和党政権では、議員も、その議員によって選ばれる裁判官たちも、組合結成を白眼視した。被雇用者が組合を組織し、賃金および労働環境改善を要求する事態が起きると、彼らは大手実業家の肩をもった）。都会の政治的集票組織《マシーン》のボスたちにしてみれば、手っとりばやく票を確保する手段として、新たに入って来る移民たちが必要だった。やってきたばかりの移民たちも、家族や友人を故郷の村から呼び寄せたがった。そして共和党リーダーたちのなかにも、我が党は機会を与える党なりという発想がお気に召している者が多かった。特に、その機会が勤労のチャンスを意味しているならば、言うことはなかった。

ノウ・ナッシング党のなかでも、奴隷制反対派はのちに共和党に吸収されていくこととなるのだが、１８５０年代の彼らは反奴隷制とほぼ同等に反移民でもあった（移民が自分たちの準州や州に進出してくるのを恐れていた）。そして１９２０年代になると、アメリカは移民を迎え入れる門をほぼ閉ざすこととなる。雇用者側と移民コミュニティ、双方の利益集団それぞれの政治的発言が、すっかりモラル・パニックに毒されていたことによるものだ。１８６０年代なかばから１９２０年代なかばにかけてアメリカの門戸を開いたおかげで、同じ共和党支持者であっても工場で移民を雇用していた連中、あるいは都市で移民に部屋を貸していた連中は相当に儲かっていた一方で、平均的な支持者はその限りではなかったらしい。大半のアメリカ人というのは、奴隷でもなければ、労働者を雇う雇用者でも、雇われる労働者でもなかった。それは最多票を投じたアメリカ人のことだ。共和党の理念は縫い目のない布のように社会を包み構成していたが、この点においては、最多票を投じるアメリカ人の物質的および倫理的利益に対する見解が勝り、移民を締め出すこととなったのだった。

エイブラハム・リンカーンは１８６１年に次のように述べている。

賃金労働者という立場に生涯縛りつけられる自由な人間など……いない。……大多数の人は、他人のために働く階級として生まれたわけでも、他人を自分のために働かせる階級として生まれたわけでもない。南部のほぼすべての州に住む大多数は、肌の色を問わず、奴隷という人間ではないし、主人という人間でもない。そして北部に住む大多数も、雇用者という人間ではないし、被雇用者という人間でもない。……こうした州のそこかしこにいる独立した市民は、人生をほんの数年遡れば、ほとんどが賃金労働者だったのだ。彼らは堅実ながら文無しで世に出て、まずは賃金を稼ぐために働き、その稼ぎの余りを貯めて道具や土地を買った。それから独力でしばらく働き、ようやく、世に出たばかりの別の誰かを雇って仕事を手伝わせるようになった。これは正当な、しかも寛大な、そして繁栄につながるシステムである。このシステムがすべての人に道を開き、すべての人に希望を与える。必然的に力と進歩が生まれ、すべての人の労働条件が改善されていく。貧困から苦労して這い上がってきた者以上に、信頼に値する者はいない。彼らほど、自分が真面目に稼いだわけではない何かを受け取ったり触れたりすることに誘惑されない者はいない。(5)

南北戦争後におこなわれた経済再設計の政策は、その全体的な趣旨としては、あくまで実利的でアメリカ的だった。これが明らかであった証左として、こうした共和党政策に対する反対派は共和党政権期に、民主党から大統領が選出されれば自分たちにとって利益になると切望していたにもかかわらず、第18代大統領グラント、第19代ヘイズ、第20代ガーフィールド、第21代アーサーと4代にわたって共和党の大統領が選ばれ続けるあいだ、民主党からの大統領選出は現実味をもたなかった。1884年に民主党のグロヴァー・クリーヴランドが1度目の大統領当選を果たし、次に共和党のベンジャミン・ハリソンが1888年に第23代大統領に選出され、1892年にふたたびクリーヴランドが第24代大統領に返り咲くという変遷の最中にも、政策に変化は起きなかった。〔プルマン社の企業城下町での〕プルマン・ストライキが起きたときに財産および企業の権利を保護したのは、共和党ではなかった。民主党のクリーヴランドだ。クリーヴランドは、全列車に郵便車をとりつけることによって、スト参加者に郵便事業妨害という連邦犯罪を着せ、イリノイ州知事ジョン・P・アルトゲルトの反対を押し切って軍を送り込んで制圧した。

金ぴか時代に共和党の実利的経済政策がいかに協和音を奏でていたか、その証拠がさらに必要だというのなら、民主党が党内のポピュリスト派から大統領候補を指名した際のことを挙げよう。候補者となったプラット川の若き弁論家、ウィリアム・ジェニングス・ブライアンは、共和党政権に猛然と吠えかかった。ブライアンはとりわけ、自分が政策として打ち出した銀貨自由鋳造への反対派に対し、こう非難したことが知られている。

> やつらが表に出てきて金本位制を擁護するのなら、我々は力の限り戦う。……人間を金の十字架に磔にしてはならない。

しかし結果は惨敗だった。たしかにエリートたちはブライアンを恐れたが、最終的に白人男性の選挙民は彼の主張を買わなかった。ブライアンを抑えて第25代大統領となったのが共和党のウィリアム・マッキンリーであり、そのマッキンリーの暗殺を受けて、同じく共和党のセオドア・ルーズヴェルトが第26代大統領に繰り上がる。所有権、企業、教育、天然資源の開放、移民、技術進歩と規模の経済を追求するビジネスに対する支援——どんな政党でもすべてを叶えるのは困難だったと考えられるが、その大半を実現したのが、セオドア・ルーズヴェルトの進歩主義的方向修正だった。

セオドア・ルーズヴェルトと進歩主義運動

大統領となる前の若きセオドア・ルーズヴェルトは、ポスト南北戦争世代における共和党政権の優等生的な発言をしていた。19世紀後半の金ぴか時代に見られた下品な局面のなかでも、あまりにも極端な部分をたしなめようとする、現代から見ればきわめてささやかな要望に対しても、まるでそれが共産主義を推し進める先鋒であるかのように、ルーズヴェルトは強く糾弾している。1896年に民主党の大統領候補となったウィリアム・ジェニングス・ブライアンのことも、外国から来た共産主義者の操り人形だと叩いた。現代のティーパーティ決起集会の発言かと思わせる糾弾ぶりだ。

［ウィリアム・ジェニングス・ブライアンは］陶芸職人の手のなかにある泥のようだ。野心的で恥知らずなイリノイ州の共産主義者［ジョン・P・アルトゲルト］に巧みに操られている。……銀貨鋳造自由化は……ブライアンの政治的信念の根幹たる教義、すなわち社会主義に近づこうとするものにほかならない。……彼は、基本の政策を転覆させせんとしている。その政策が建国以降ずっと政府を動かしてきたというのに。(6)

ルーズヴェルトは関税にこだわっていた。ところが予想外なことに、そして共和党保守派にとっては不本意なことに、マッキンリーの暗殺によって大統領となってからのセオドア・ルーズヴェルト――「ワイルドマン」という呼称もあった――は、それまでとは異なる歌を歌い始める。彼は古い共和党のイデオロギーや抽象論を退けた。かわりに、独占企業が主導し悪徳資本家が跋扈する新しい経済のなかでも、あまりにも目に余る乱用ぶりをたしなめるための、実利的、実際的、具体的な変革を導入した。市場とは不完全な装置であること、財力をもった不心得者が市場をゆがめ悲惨な結果を招きうることを、大統領となったルーズヴェルトは実感していた。政府に権力をもたせすぎると、経済価値の創出どころかアメリカの足かせとなる腐敗した政治集票組織《マシーン》を増長させかねないこと、その反面、過去には富裕層に権力を与えすぎたせいで同様の悪い結果につながったということも、彼は理解していた。各勢力のバランスを取り直す必要があったのである。

大統領着任後のルーズヴェルトは、ポピュリストや民主党とも積極的に取引した。彼は共和党のトップというより、進歩主義派のトップだった。事態が深刻と見るや共和党を分裂させ、1912年の大統領選で共和党指名候補者となった自身の弟分ウィリアム・ハワード・タフトを再選させるよりも、どちらかといえば進歩派だった民主党候補のウッドロウ・ウィルソンを勝利させたほどだ。ルーズヴェルトの見る限り、タフトは第27代大統領の任期中、金をもった利益集団の囚人となっていた。ルーズヴェルトの見る限り、それはアメリカが進むべき道ではなかった。

ルーズヴェルトとウィルソンは進歩主義の流れを生んだわけではない。補強しただけだ。19世紀末の段階で、WASPの政界エリートたちのあいだでは、アメリカが五つの政治的な機能不全に陥っている、という見解が一致を見ていた。南北戦争後の経済はいつのまにか破綻しており、方向修正のために新たな政府主導の経済再設計が必要であるのは明らかだ、というコンセンサスはできていたのだ。

5種類の政治的機能不全のうちの一つめは、平原〔平原の多いカンザスやネブラスカなどの州〕の農地にも鉱山にもポピュリストがはびこっていたことだ。ポピュリストはデフレを、独占支配の鉄道会社が強いる値上げを（東部に収穫物を出荷する手段は鉄道しかなかった）、同じく独占支配の採掘会社による賃金ごまかしを（町に働き口の選択肢がなく、採掘会社が高賃金を約束するために、人々が数百マイル、もしかしたら数千マイルもかけて移住してきていた)、農家のローン返済を困難にする金融引き締めによる高金利を、激しく批判していた。平原の人々はこうした経済的プレッシャーを言い訳に、気概も職業倫理も、そしてアメリカ合衆国を信じる心も失っている――というのが、エリートたちの一致した見解だった。彼らがラム酒におぼれて社会構造が破綻しているという見解も同じだ。ゆえにこの人々を更生させる必要がある、と考えていた。

二つめの政治的機能不全は、迅速な同化が間に合わないほど大きな波となって、新たな移民が都市に流込んでいたことだ。その結果として、健全なタウンミーティング式の民主主義ではなく、都会の腐敗した集票組織が生まれていた。新たな移民のアメリカ化が間に合わない理由は、アイルランド人、イタリア人、ユダヤ人、そしてスラブ人など、異質すぎる者、それから遺伝的に知能が劣る者が多いせいだと考えられた。ローマ・カトリック教会に帰属したままの者も多すぎた。カトリックは独立独歩を、人の召命としての勤労を、そしてプロテスタントの職業倫理を教えようとしなかった。

三つめは元南部連合国の存在だ。南北戦争で敗北した彼らは、相変わらず大部分が無学で、発展を阻む寡頭政治に支配され、さらには歴然と貧しく後進的だった。議員たちは黒人《ニグロ》から公民権を剝奪し、南部を民主党で固めていた。

四つめはトラストである。JPモルガンなどがカネにものを言わせて作り上げた巨大な独占的企業結合のことだ。鉄鋼トラスト、煙草トラスト、スタンダード石油トラスト、砂糖トラスト、マッチトラスト、海運トラストなどが形成されていた。そしてもちろん鉄道トラストも。市場はそれらを制御できなかった。トラストのほうが市場をコントロールしていたからだ。何か新たな策が必要だった。民間市場経済と大量生産・大量流通の利点のあいだのバランスを取り戻し、保全するための、相互抑制的な力か制度が必要だった。

最後の五つめは、金ぴか時代の所得がトラストで分配されるせいで、富が限られた範囲で莫大かつこれみよがしに集中していたことだ（昨今のアメリカでもふたたび起きている）。それはジェファーソンが描いたアメリカのビジョンを（彼の実生活はともかく）無残にも踏みにじるだけでなく、ハミルトンのビジョンまで踏みにじるものだった。

トラストの破壊的なパワーと、トラストオーナーによる国家の富の抱え込み。平原における社会機構の破綻と、それが転じて広がっていたポピュリズム。都市に流れ込む新たな移民を取り込めない社会機構と、それが転じて生まれた腐敗した都会の集票組織。学習できずアメリカに再加入もできない南部と、彼らが頑として投じる「リンカーンの党」〔共和党〕への反対票。プロテスタントの牧師S・D・バーチャードが１８８４年に使った表現を借りれば「ラム酒とローマ教会と反乱 Rum, Romanism, and Rebellion」にまみれた現状は、アメリカ経済が新たな再設計を必要としている証拠だった[7]。そういうわけで進歩主義運動の出番となったのである。

進歩主義者の一部の考えでは、進むべき正しい道は、民主党を推す勢力をうまく手なずけることだった。ポピュリストと南部の不満は、適切な工業化の方向性に向けさせればいい。それから都会のマシーン政治家のなかでも賢明な連中の力を、彼らの都市経済を活性化する「よい政府」の方策に結びつければいい。マシーンのボスは、都会の経済発展が成功すれば自分にも絶大な利益があると理解しているので、それを活かすことは可能だった。一方、それ以外の進歩主義者たちは、こう考えた。アメリカの政治的本質として、共和党こそが自然な我が家だ、と。社会進化論とハーバート・スペンサーの『社会静学』を深刻に受け止めすぎているきらいはあるものの、このことは認識されるべきであり、アメリカには市場社会ではなく市場経済が必要なのだ、と[8]。いずれにせよすべての進歩主義者が超党的な活動にも積極的だった。党として有利になるのが究極の狙いではあるが、それよりもアメリカ経済の再設計のためを優先したのである。

そこで、1890年から1925年にかけて断続的に、多数の進歩主義的アジェンダが少しずつ導入されていく。金融政策においては、経済安定のために金本位制放棄と銀貨鋳造自由化を求めるポピュリストの声を受け入れることは考えられなかった。だが、金本位制のままで流動性の高い現金を支えるため、銀行システムの成長を加速させるということなら、許容可能だ。パニックと危機を防ぐために通貨を公的管理するのも可能だし、商業のニーズに応えるのは良い政府のすることだ。そこで連邦準備制度が誕生した。

鉄道会社の国有化は考えられなかった——それはあくまで私有財産だ。だが荷送人を法外な運賃から守るために、また鉄道会社の株式や債券を保有する社会的弱者が破壊的な競争で損害を被らないようにするために、州際通商委員会を通じて鉄道運賃を規制するということなら、それは常識的な対応ということになる。

スタンダード石油のような露骨な独占企業の一部を、いくつかの巨大企業に分割することもできる。それから、ビッグビジネスが独占を狙ったからビッグなのではなく、効率性が高いからビッグであるようにするために、連邦取引委員会（FTC）も作らなくてはならない。特に、整備された法的ツールは今後に独占体になるかもしれない別の存在、すなわち労働組合に対しても行使できるものであったため、連邦取引委員会法が必要だった。

当時の劣悪な労働環境を糾弾する小説『ジャングル』を発表したアプトン・シンクレアは、FTCおよび食品医薬品局に消費者保護機能をもたせるために同作品を書いたわけではなかった。彼は「アメリカの心臓を狙って胃を撃ってしまった」と嘆いていたらしいが[9]、消費する側も、大陸全土規模で生産と販売をする側も、純正食品薬品法が提供する保証を歓迎した。また両者ともが、地元の利益を守るための排他的な州レベルの規制から解放されることを喜んだ。スラム街が撤去され、貧困層の道徳心向上をめざす取り組みがおこなわれ、禁酒法が制定された。直接選挙で選ばれた、強力だが腐敗した市長がのさばる状況は、都会の行政機関の長としてのシティ・マネージャー制度へと変更された。さらに、初めての環境保護活動として自然保護主義が導入され、国立公園というシステムが生まれた。労働内容、労働時間、労働条件に関する規制が設けられ、少なくとも、女性や子どものような完全な独立独歩を望めない者と、政府に国親としての役割を求める正当な権利がある者が保護された。失業補償、退職金、危険な仕事に就く鉄道会社職員のための損害補償が整えられ、さらに1890年には南北戦争の北軍兵士のための年金が大きく拡大されて、社会保障が整備された。共和党の判事が却下してきた所得税を1916年の憲法修正案で成立させ、50万ドル以上（現在で言えば約1000万ドル）の所得に最高7パーセントが課税されるようになった。

こうした数々の取り組みの最後が、1920年代なかばに導入された移民規制である。アングロサクソン――あるいは少なくとも北西ヨーロッパ人――は特別なのだから、その血筋の人口をこれ以上希薄化してはならぬという信念があった。これは重大な転換だった。何しろそれまでは、アメリカ人とは何千マイルを移動してでも、幾多の海を渡ってでも、よりよい人生を追い求めていく者だと定義されていたのが、1924年の時点で「ここ」にいる人口に近い者がアメリカ人だという定義に変化したのだから。進歩主義運動には、こうした側面もあったのである。

とはいえ、進歩主義のアジェンダのなかでも、1890年から1925年のあいだのアメリカでは実現しなかったものが三つある。

●合法的な利益集団としての労働組合、合法的な交渉様式としての団体交渉を、経済の枠組みのなかに取り込むこと。

●ハイ・ファイナンスに対する厳しい規制。
●社会保険──現在の私たちが理解しているところの、完全な「セーフティネット」。

フランクリン・デラノ・ルーズヴェルト（FDR）のニューディール政策

ニューディール、すなわちトランプカードの配り直しによって進められた経済再設計──この類まれなる事例では、進める以外に生きのびる道はなかったと言ったほうが正しいが──は、これ以前の再設計（進歩主義の方向修正は重要な例外として）とも、これ以降の再設計とも異なっている。新しく重要な経済空間を開き、起業家たちをそこへ向かわせるのが狙いではなかった。ニューディールはあくまで壊滅的打撃を受けた経済への緊急治療だった。何しろアメリカ経済の血圧や心拍数はすべて予断を許さぬ状態だったからだ。ルーズヴェルトが好んで使い、国民が愛したわかりやすい言葉遣いで言うならば、よいお医者さんでも明確な診断が下せず、ペニシリンのような魔法の治療薬もない。患者自身が動くことで痛みを紛らわせ、自分で汗をかくことで菌を追い出せると期待するしかなかった──現代の私たちが「緊縮」と呼ぶ（目下ヨーロッパで試されている）ものに耐えるしかなかった。第31代大統領フーヴァーのもとで財務長官を務めたアンドリュー・メロンは、有名な発言でこう言い切っている。

……労働、株式、農民、不動産を清算し……システムの腐敗を除去するのだ。そうすれば人々はより懸命に働き、より道徳的な生活を送るようになる。価値観は改良され、進取の気性をもつ人々が、競う力のない人々から抜きんでていくようになる……

しかし、それは奏功していなかった。

何か対策をとらなければならない。しかも即座に。生命維持装置を取りつけ、外傷を処置し、傷口を焼いて止血するのだ。とにかく迅速に手立てを実施しながら、効果を見ていくしかない。だが、急進的な行動は醜悪な結果を生み出す可能性も高い。

FDRが大統領に就任した1933年3月の時点では、非農業産業の就労者の3割ほどが失業していた。国内の住宅ローンも半数が不履行となっていた。株式市場は1929年の価値を5分の4ほど失っていた。農産物価格も崩壊し、農民たちはローンを支払う手立てがなかった。住宅建設は完全にストップし、1928年とくらべれば約95パーセント減少していた。自動車生産は大恐慌前の4分の1ほどに縮小していたし、鉄鋼も同様だ。銀行は預金者への払い戻しができず、多くの銀行が破綻して、生き残った銀行で取り付け騒ぎが起きていた。国民は痛手を負い、途方にくれ、何が起きてもおかしくない状態だった。金持ちと有権者も、力をもたぬ者も、一様に怯えて暮らしていた。

そして1933年3月4日、何千万というアメリカ人が、ラジオでFDRの大統領就任演説を聴いた。力強く自信に満ちた声が、「好景気はすぐそこに来ている」などとは約束せず、国民が抱いている不安を認めてみせるのを聴いた[10]。彼は包括的な診断を下そうとせず、万能薬も示さないかわりに、苦しみを取り除くための実際的で具体的な行動を即座にとると約束した。何らかのことをしていくと約束した。

この国は行動を求めている。今、行動を起こさなくてはならない。優先の課題は、国民が職に就けるようにすることである。賢明に、かつ勇気をもって立ち向かうならば、これは決して解決不可能な問題ではない。戦争の非常事態に対応するのと同じく、政府自身が直接雇用をおこなうことも解決策の一つだが、同時にその雇用を通じて、天然資源活用の刺激と再編のための重要なプロジェクトを実行する。……

仕事がふたたび回り始めるようにするにあたっては、旧体制の弊害を復活させない二つの予防策が必要だ。すべての銀行業務、信用取引業務、投資業務を厳しく監督し、他人の資金を使った投機には幕を引くとともに、充分かつ堅実な通貨を準備しなくてはならない。こうした一連の対策をとっていく[11]。

アメリカの政府がこれほど行動的《アクティブ》に、むしろ積極的すぎるほど行動的《ハイパーアクティブ》になった時期は、過去には――そしてこれ以降も――一度もなかった。さっそく怒濤のようなアクションが始まった。翌日には特別議会が招集されている。

もっとも緊急を要する問題は銀行の取り付け騒ぎだ。3月6日、月曜日の午前1時に、FDRは大胆にも「銀行の休日」を宣言して銀行業務を停止させた。5日後には銀行法が起草され議会に提出された。8時間後には議会を通過し、大統領の署名が入った。翌月曜日に銀行が再開したときには、取り付け騒ぎは収まっていた。

政府は銀行から舵を奪わずに、銀行を救ったのである。

次は住宅問題だ。前述のとおり住宅ローンの半分は不履行となっており、住宅建設も完全にストップし、これが全失業者の3割を生み出していた。銀行と同様に一連の救済計画はすでに立てられていたのだが、主にイデオロギッシュな抵抗感が理由で、フーヴァー政権は本腰を入れて実施しなかった。1932年にフーヴァー大統領のもとで連邦住宅貸付銀行法が成立していたというのに、新設された連邦住宅貸付銀行はまったく動かなかったのである。受領した4万件の申請書のうち、フーヴァー政権の最後の半年間で承認されたのは、わずか3件だけだった。一方、ルーズヴェルト版の住宅ローン対策である住宅所有者資金貸付会社は、1933年の夏に設立法が議会を通過したあと、2年間で100万件以上の融資を成立させている[12]。

5月下旬には証券・銀行業務に対する規制システムが整った。1年後には証券取引委員会（SEC）が設立され、有名な投機家であり、のちに「ケネディ家の家長」としてさらに有名になったジョセフ・P・ケネディが委員長に就いた。あくどい投機のやり方を身をもって知っていたこの男は、有能だった。破綻し信用を失った銀行を国有化するのではなく、守るという選択をしたのは、ニューディール政策が急進的でもなければイデオロギッシュでもなく、むしろ強い実利主義に導かれた意欲あふれる緊急対策であったことを示している。やってみて、効果を見てみる、というわけだ。中核にあるアプローチは、いわば「実利的実験主義」だった。一つ試し、また別なものを試し、奏功しないものは切り捨て、奏功するものを迅速に拡大する。しかも一度に一つずつ実験したわけではなかった。多くを同時に実験していた。そしてニューディール政策は包括的だった。経済のほぼすべての側面に働きかけたか、少なくともそのように見えた。スピーディでもあった。新しい大型のイニシアチブやプロジェクトがまたたくまに実行され、法と規制が整備され、担当機関が設立され、驚異的な速さと規模で実際の業務が始まっていった。本当に極端なほどに行動的な政府だったのだ。

失業している若者に職を与えるプログラムである民間資源保全局（CCC）も、ニューディール政策開始から1カ月もたたないうちに設立されている。夏までには25万人が集まり、最終的には300万人が参加した。若者たちに軍隊式の合宿生活をさせ、森林再生や沼地干拓やダム建設に従事させて、家族に仕送りする少額の給料を与えるのだ。このプログラムは土地と青年たちの両方を立て直していった。また、同じく失業し、しかし若者以上に切羽詰まった退役軍人がFDR政権下のワシントンにデモ行進をしてきたときは、1

932年に起きた類似の「ボーナス行進」のときとは天と地ほどもちがう対応をしている。フーヴァーはボーナス行進に対して軍隊を出動した。指揮を執ったダグラス・マッカーサーは、退役軍人たちを戦車で歓迎するのが妥当と考え、彼らのテントを焼き、老いた元軍人とその妻たちを暴力的に追い払っている。ところがFDRは、彼らに雨風をよける場所と食べ物を用意し、妻エレノアを赴かせて挨拶させた。さらにCCCの年齢制限撤廃を申し出て、多くの退役軍人を即座に加入させた。この対照的な対応も、新たな政府が国民を大事にしていると国中に示すものだった。混迷期においてそれは何より価値があった。

ほかにもさまざまなイニシアチブが実行されている。連邦緊急救済局は約2年の命だったが、その間におよそ30億ドルを援助金として供給した（1929年の政府支出の総額が80億ドルだ）。禁酒法の廃止も好評だった行動の一つだ。農産物価格を維持し農地抵当を守る農業政策も同様である。巨額の資金を投じた公共工事局（PWA）では、失業者をトライボロー橋やグランド・クーリー・ダム建設のような大型の建設工事に従事させた。その後、公共事業促進局（WPA）が、ピーク時には失業者300万人に働き口を提供した。ほとんどが建設業だったが、小説家、俳優、芸術家への雇用提供もおこなわれた（画家のマーク・ロスコやジャクソン・ポロックといった抽象表現主義の代表者と、抽象主義にきっぱりと背を向けた画家グラント・ウッドも含まれている）。1936年には西部で世界最大の建造物上位五つ（おそらく中国の万里の長城を除けばだが）を独占するダム――コロラド川のボールダー・ダム（のちにフーヴァー・ダムに改称）、コロンビア川のグランド・クーリー・ダムとボンネヴィル・ダム、サクラメント川のシャスタ・ダム、そしてミズーリ川上流のフォート・ペック・ダム――が完成し、開発可能な広大な土地が開かれた。東部ではテネシー川全流域を開発するテネシー川流域開発公社（TVA）が、未開の地を拓くと謳って設立された。

FDRは金本位制を停止し、ドルの切り下げをおこない、20世紀最後の年まで継続することとなる銀行・

金融関連の規制構造を成立させた。金融規制法の代表がグラス＝スティーガル法（1933年）で、これが商業銀行業務と投資銀行業務を分離し、預金を保護して保険をかけることとなった。

ニューディール政策の開始前、平時のアメリカを動かしていたのは小さな政府だった。1931年の連邦政府支出はGDPの3・5パーセントで、連邦職員のうちほぼ半数は郵便局に勤めていた。だがニューディール政策は、たちまちのうちに支出を倍以上に増やし、さらにそれ以上のことをした——失業していた大勢のアメリカ人に、新規に創出した多種多様な働き口で給与を与えている。だが、それは意気揚々と自信たっぷりにおこなわれたわけではなく、必要に迫られて進めたことだった。実利を重視した急場しのぎだった。

ケインズ主義の第一波だったわけではない。政府支出はあくまで緊急措置として投じられたのであって、マクロ経済戦略の核という認識があったわけではなかった。古臭い理論を根拠とする支配的なイデオロギー——「市場に対していっさい、もしくはほとんど手出しをせず、すべて市場原理に任せていれば、最終的には新しく長期的な均衡が確立する」という思考回路——は役に立たないことがすでにわかっていた。だが、それが支配的イデオロギーであることも事実だったので、FDRは批判を受けないよう慎重のうえにも慎重を期している。私有財産は尊重し、紙幣の乱発はせず、均衡予算を意識した。大統領就任から1週間も経たないうちに、政府職員の給与と退役軍人の恩給に対する15パーセント削減を提案することまでしている。緊急予算とは別の通常予算の収支を合わせる狙いだったが、これは議会で激しい論争を生み出すこととなった。悲しいかな、ケインズ前の（もしくはケインズの『雇用・利子および貨幣の一般理論』がちょうど出た頃の）ケインズ主義者ではなかったFDRは、景気が上向くやいなや、どうだと言わんばかりに政府支出を削減している。すると景気は即座に悪化した。彼はここでも実利をとって、自分が招いた赤字からの回復に取り組んだ。

FDRの就任演説において、また彼の就任から100日の怒濤のような日々において、現代の私たちがニューディール・リベラリズムの根幹だと考える施策――社会保障制度、全国労働関係委員会（NLRB）による労使関係の枠組み確立、超過支出と積極的な財政金融政策管理、大きな政府――が明言されていたわけではなかった。FDRの就任演説で告げられ、彼が最初に着手した内容のなかで、経済政策としてのニューディール・リベラリズムの主要な施策と言えるのは、金融規制だけである。

成長と変容のための新しい経済空間を開くことに主眼を置かなかった経済再設計は、このときだけだ。ニューディール政策の焦点は、あくまで応急処置と人道的な対策、それから所得の再分配、公平性、金融の制御だった。産業レベルの労使協調主義の実験である全国復興庁（NRA）から、サーマン・アーノルドが主導した公益事業持株会社法の反トラスト競争政策に至るまで、ニューディール政策においても経済成長を促すさまざまな要素が試されたことは事実だが、経済成長を狙った主な試みから生き残ったのは2件のみ。商業銀行業務と投資銀行業務を分離した厳しい金融規制と、経済全体の支出を安定させる役割に政府が積極的に関与したことである。それ以外の試みは、奏功したものを強化し、奏功しなかったものをなかったことにしていくという、究極の実利主義者であるFDRの戦略遂行のなかで、いつしか消えていった。生き残ったニューディール政策――農産物価格維持、農業補償金、社会保障制度、包括的福祉、労働組合、その他のセーフティネット――は、いずれもパイを大きくするためではなく、パイを切り分け直すことをめざしたものだ。それらはあくまで実利的に、時代がFDR政権に求めたことだった。

ここにはパラドックスがある。ニューディール政策そのものは決してイデオロギーではなく、究極的に実利的な政策実験だった。にもかかわらず、これは第二次世界大戦後のアメリカのリベラリズム・イデオロギーを定義するものとなった。政府に何ができるか、何をするべきか、それを示す手本となったのである。

第3章　長きアイゼンハワー時代

第34代大統領ドワイト・D・アイゼンハワーが掲げたビジョンは、きれいにコンセンサスがとれていた。自動車メーカーも、石油会社も、家電メーカーも、そのビジョンを共有した。建築業者も銀行家も同じく。そして大勢の一般国民も、まるでアメフトの試合を盛り上げるマーチングバンドやチアリーディングや押し寄せるファンのように、政治と社会というフィールド中央に立つアイゼンハワーを見守っていた。彼のビジョンは、まだ記憶に新しい過去から決別するものではなく、むしろフランクリン・D・ルーズヴェルトやハリー・S・トルーマン時代のアメリカの一番すてきな部分を投影し、それを大きくふくらませて、すぐにもやってくる未来として描いていた。

三連作の絵があると考えてほしい——大きな3枚のパネルに、それぞれくっきりあざやかに、理解しやすく評価しやすい絵が描かれている。見たままに受け止めることのできる絵だ。理論やイデオロギー上の疑問に悩む必要はなかった。[1]隠れたプログラミングコードを暴き出す必要もなかった。

●中央の絵には、アメリカン・ドリームが描かれている。芝生に囲まれた家。家のなかには食材がぎっしり詰まった巨大な冷蔵庫、それから洗濯機とテレビ。歯列矯正器具をつけた子どもたち。もちろん車庫には大きくて流線形をした車。自宅前の車道から、カーブする通りを走っていくと、広くてスムーズに流れる幹線道路につながる。絵の上のキャプションはこう語っている。「アメリカン・ファミリーの未来――つまりは、あなたの未来」。

●三連作の右側は、軍事パワーを力強く示している。タイトルは「アメリカン・ドリームを守る」だ。描かれているのは、原子力潜水艦、ジェット戦闘機、原子力爆弾、ロケット。それから、もはや海による防衛では充分ではなくなった20世紀後半のアメリカを守るべく、この国が技術力においてつねに最先端でいるための発明に励む研究所の巨大ネットワーク。

●左側の絵のタイトルは「限りなきフロンティア」。無限の開拓地、すなわち科学技術に対する政府支出（もっぱら軍事費から）によって、民間で花開くだろうさまざまな発明が描かれている〔「限りなきフロンティア」とは、科学研究開発局長が１９４５年にトルーマン大統領へ提出した報告書のタイトル。国家繁栄には科学技術に対する政府支援が重要だと訴えた〕。たとえば商用旅客機。その飛行機の翼をはじめとして、さまざまな画期的発明品を造り出す魔法のような機械工具の数々。原子力発電で供給される、測定できないほど安い電力。食事を一瞬で調理するレーダー式オーブン。薬とワクチン――発明されたばかりのペニシリンの奇跡のような効力はまだ記憶に新しかったし、ポリオワクチンを発明した医学者ジョナス・ソークは、アインシュタインと並ぶ科学の天才として世界からあがめられていた。漫画『ディック・トレイシー』の主人公が装着するハイテク腕時計や、何でもやってのけるコンピューターなる巨大な機械など、理解はできないがなんとなく胸躍る新しい奇跡が、この絵に描かれている。すんなりと受け入れられる未来だ。想像すると気分が高揚してくる未来である。

アイゼンハワーのビジョンにマイナス面は何も見られなかった。胸は躍るし、新しくはあったが、同時にどれもこれもなじみがあった。急進的すぎず、断絶もなく、リスクもない。そして一見したところでは割を食わされる者もいない——このビジョンに参加して恩恵を得られない者など、いるとしてもほんのわずかだと思われた。

それに、描かれたビジョンは絵に描いた餅ではなかった。技術は実際に発展し、たとえばすでにエアコンは生まれていたからだ（おかげでサンベルトと呼ばれる地域でも、軍事予算の投入を受けた開発が可能になった）。カーラジオとカーエアコンとパワーステアリングありのオートマチック車も。テレビ、冷蔵庫、食器洗浄機、洗濯機、乾燥機も。ジェット旅客機も空港滑走路から次々と飛び立っていく。技術だけではない、絵に描かれた生活のモデルや形式も受け入れられていた。バルーンフレーム工法で、同じ仕様の住宅を一斉に建設できるようになり、郊外に手ごろな価格《アフォーダブル》の住宅が登場していた。有料の幹線道路も整えられた。

すべての、もしくはほとんどのアメリカ人家族が、こうしたものを手に入れていった。技術や郊外モデル地区が発展したのと同じく、家庭に何もかもがそろうための制度と構造と政策は整っていたからだ。大きな企業、大きな組合、そして行動する大きな政府。政府は民間事業を監督し支援したが、その方法も急進的なものではなく、過去に例のある手法を採っていた。家族が戸建て住宅を買うための低金利住宅ローン。道路建設。新しい技術を支える国防費の支出と、そこからの民生転用。しっかりと安定した金融規制。どれもこれも、アイゼンハワーが大統領に就任した時点で整っていたし、その後も政権が、継続的に大規模かつ円滑に責任をもって拡大していくと保証していた。経済の姿を本格的に作り変えていくために必要なことを続けていくつもりが政府にはあったし、どんな姿にするのかという点も決定済みだった。

当時、左派の民主党のなかには、FDR時代やトルーマン時代よりも（もしくは、その後のケネディ時代、さらにはジョンソン時代よりも）包括的な社会民主主義を求める声もあった。民主党内の南部州選出議員は、大きな政府の撤廃を望む者が少なくなかった。彼らは特に、南部の州に直接的に補助金を使おうとしない大きな政府を、排除したがっていた。そして共和党内にも、大きな政府の構造と、経済に対する規制統制を撤廃したいと望む者が多く——今ほど多くはないものの——いた。ニューディール政策を取り消して、1920年代に似た状態に回帰したいというわけだ。しかし今とちがって当時は、アイゼンハワーと、中産階級に主眼を置いて結託した穏健派の共和党員たち、すなわち共和党エスタブリッシュメントが、そうした声を巧みに退けていた。アイゼンハワーは共和党の旗印のもと、あくまでニューディール政策の構造と制度を活かして、大きな政府に正統性を与えていた。

アイゼンハワーは1954年に、兄エドガーへの手紙でこう書いている。

極端な中央集権を許せば、この国は危険な状態に陥ります。……私もそれには反対です。……しかし、どんな形であれ成果をあげていくためには、政府が担うべきだと国民の大多数が信じている責任を、連邦政府が回避したり逃避したりするわけにはいきません。……ここに条理の原則が適用されないとしたら、我々はすべてを失います。……社会保障や失業保険の撤廃や、労働法や農業支援プログラムの取り消しを試みる政党は、我が国の政治史において二度とその名が出て来ることはないでしょう。もちろん、撤廃や中止をしてもいいと思っている少数の分派が存在することは事実です。H・L・ハント（彼の経歴は耳に入っていると思いますが）はそのひとりです。同じくテキサスの石油王数人と、ほかの地域の政治家や実業家もちらほらと。その人数は取るに足りないし、彼らはおろかです。(2) ……

共和党の旗印のもと、アイゼンハワーは朝鮮戦争に対して勝利ではなく終結を選んだ。そして国家がスケープゴート探しや、非難合戦や、不和に陥るのを防ぎ、彼の政権下にも続いたマッカーシズムよりもさらに悪意に満ちた悪い政治を抑え込んだ。ニューディール政策に正統性をもたせるおおむね安定した姿勢は、アイゼンハワーによる第34代大統領任期8年間、そしてニューディール派の民主党から選出されたケネディとジョンソンが第35代、36代大統領を務めた8年間、さらに共和党のニクソンおよびフォードが第37代、38代を務めた8年にわたり、大河のように流れ続けた。その後、民主党から選出されたカーターが第39代大統領を務めた4年間に、河の勢いは弱まり出す。ついにはレーガン革命がこの河をせきとめ、行動する大きな政府というニューディールの考え方を取り去ったことにより（予算は残されたものの）、最後の一滴も干上がることとなった。レーガン政権はそれまでの規制構造の解体作業に着手した。だが、思い出してほしい、一般教書演説においてきっぱりと「大きな政府の時代は終わった」と宣言した大統領は、第40代のロナルド・レーガンではなく、第42代のビル・クリントンだ。

アイゼンハワー時代のアメリカ政府はカネの使い方を心得ていた。莫大に支出し、莫大に税金をかけた。まさに大きな政府、いや、それ以上だ。アイゼンハワー政権における連邦政府支出の対GDP比は18パーセントだった——FDR政権の平時におけるニューディール最盛期とくらべても2倍である。州および地方自治体の支出も合わせれば、政府支出総額のGDP比は30パーセントを超えた。第2章でも述べたとおり、ニューディール期前の1931年における連邦政府支出がGDP比3・5パーセントで、公務員の半数は郵便局職員だったのに対し、1962年における連邦政府の直接雇用は535万4000人。人口が1億8000万人程度だった時代に、この数字である。人口が3億人以上となった2010年でも公務員は444万3

000人だったのだから、どれほど大きな政府だったかよくわかるというものだ。景気循環、景況感、その他のアニマルスピリットのような気まぐれな変動に左右されない、この政府支出の大きなフローが、民間のイニシアチブを勢いづけ、利益を上げさせていた。政府の借入金は少なく、税収入は多く、連邦赤字の対GDP比は1950年から1970年のあいだ平均1パーセント未満だった。(3)

アイゼンハワーは保守的なアプローチで、ほんの数年前には急進的と思われていた既存の制度や役割を維持しつつ、社会に心理的抵抗感を与えず、かつビジネス寄りの手法でそれらを増強した。急進的な右派のアプローチとは大ちがいだ。急進的な右派は、たいていは夢想的に急激な変革をめざすため、経済の構造を取り払ってしまおうとする。まぎらわしいことに、こちらのほうが現在では保守派と呼ばれている。

アイゼンハワー政権の――そしてニクソン政権の――主流であった共和党保守派は、新しいアメリカの所得分配を守りとおした。戦後の生産力は実質的に年2パーセントで伸び、平均所得も伸びた(生涯賃金では約2倍)。上位10パーセントの所得者層も伸びていた。(4)ニューディール政策と「レーガン革命」、そしてそれを引き継いだ政権が新たな所得分配のあり方を作ろうと試み、方向はちがえど成功したのと対照的に、保守派であるアイゼンハワーとニクソンはその試みには乗り出さなかったのだ。

社会階層の入れ替えはそれほど起きなかったように見える。個人の階層移動が特に増えることはなかった。上位5パーセントから10パーセントの所得層に生まれた子どもは、20年後も同じ5パーセントから10パーセントの階層にいるというわけだ。では何が変化したかと言うと、それは社会全般のゆたかさの度合いだ。平均所得層と、その下20パーセント程度の層は着実に上昇し、彼らが以前よりもよいと感じる中産階級の暮らしをするようになった。1929年には上位10パーセントだけが享受していた自動車、住宅、家電、良質な学校が、1970年には大多数が享受できる、少なくとも手の届きうる財産になっていた。こうした変化は、着実に実現した、波乱のない革命だった。苦しかった1930年代には予想もできないことだった。きわめて歓迎すべきことだった。

この持続的な「公平さ」、つまりは手に入るものに関する平等性が実現するにあたっては、実に多くの要因が寄与していた。なかでも最たる要因と言わねばならないのが、高い累進所得税だ。所得階層がひとつ上がるごとに税率は大きく跳ね上がり、最終的には所得の91パーセントを税金で没収した。大きな労働組合が労働分配率を保護しており、文化としても、適切な分配率を守る風潮があった。勝ち組である企業CEOでも、報酬は平均的な従業員の30倍程度だ（現在は最大でおよそ300倍だが、現代のCEOのほうが優れたパフォーマンスをしているとは言いにくい）[5]。そしてニューディール／アイゼンハワー体制の規制下では、金融は一種の公共事業だった。金融セクターの所得は、製造業や保険など、ほかの主なセクターと変わらなかった。銀行家の暮らしは貧しくこそないものの、そこそこという程度。金利は払える範囲で規制されていたので、銀行は価格競争から守られていた。そのため儲けを追いかける必要はなく、利便性とトースターのプレゼント〔口座開設の謝礼〕で競うことに集中していた。金融の規制撤廃が加速してはじめて、金融セクターの所得はほかよりも突出して多くなったのだ。少なくともトルーマンからレーガンの長き期間にわたり、金融は問題なく機能していたように見える。資本は流れていたし、ビジネスは繁栄していたし、住宅建設も進んでいた。そして金融危機は起きなかった。

郊外化

信用度の低い多くの人でも利用できる長期住宅ローン融資を整えることにより、住宅所有と住宅建設を推進する……。この連邦政府の取り組みは、実は第31代大統領ハーバート・フーヴァーのもとで始まっていた。住宅建設着工数は１９２８年から１９３２年にかけて95パーセントも縮小している。おそらく全失業者の３割が、住宅建設業界の完全なる崩壊によって職を失った人々だった。１９３３年はじめ頃には、アメリカの全住宅のほぼ半数が、厳密に言えばローン不履行の状態に陥っていた。[6] そこで１９３２年８月、フーヴァーの署名により、連邦政府が住宅ローンを保証する連邦住宅貸付銀行法が成立する。住宅建設を政府がどう振興し補助していくかという点で、これがアメリカ流アプローチを定めることとなった。政府は直接的に住宅を供給するのではなく（ヨーロッパで一般的になったアプローチだ）、民間の住宅開発と住宅所有の資金繰りを大々的にサポートするのだ。ところがフーヴァーはここに本腰を入れようとしなかった。前述の法律が発布されてから半年で、４万件以上の申請があったにもかかわらず、承認したのは（たったの）３件だ。[7] 住宅建設と住宅所有に対する政策を現実味のあるものにして、意味があると言える規模と迅速さをもたせたのは、ニューディール政策だった。その変化はまさにドラマチックと言えるほどだ。１９３３年３月にＦＤＲが第32代大統領に就任し、６月には住宅所有者資金貸付会社（ＨＯＬＣ）が設立された。このＨＯＬＣが同年８月から１９３５年８月にかけて１００万件以上の住宅ローンを供給した。長期固定金利、低額の頭金、元利均等返済など、アメリカの不動産金融として持続するメカニズムを根づかせたのもＨＯＬＣだ。政府保証を整えることで、一気に返済するという選択肢をもった借り手にあえて固定金利30年でカネを貸すのはいいビジネスだ、と銀行を納得させたのも、ＨＯＬＣだった。第一抵当が評価額のおよそ半分というのが一般的だった１９２０年代とは対照的だ。当時は５年か10年ほどの短期ローンで、最終的にはバルーン返済〔返済期間の最後に大きな残元金を支払う返済方式〕となり、最後の支払いは、時期がよかったり、借主の与信状況がよかったりすれば、借換融資を受けられるというものだった。[8] こうした住宅ローンのあり方を一新したＨＯＬＣに続き、ほどなくして連邦住宅局（ＦＨＡ）が登場する。１９３４年６月に設立され、20世紀全般にわたりアメリカの住宅政策の制度的中心となったＦＨＡの狙いは、直接的な政府支出なしに、民間の住宅建設と住宅所有を促進することだった。そこで連邦の小口現金から住宅ローンを融資するのではなく、かわりに10パーセント未満の頭金と（固定金利融資で）最高30年という条件で個人が組んだ住宅ローンに対し、政府から保証を付与することにした。利息支払いと不動産は税控除の対象だ。所得税が富裕層のみならず中産階級によっても支払われるようになった第二次世界大戦後のアメリカでは、所得が多ければ多いほど、住宅が大きければ大きいほど、税補助率も大きくなった。

１９４４年には戦争終結が視野に入り、政府は１６００万人の帰還兵の就職先を懸念した。そこで復員軍人援護法を成立させ、従来のように退役軍人にただ給付金《ボーナス》を出すのではなく、大学進学を望む者のために気前のよいプログラムを整えるとともに、頭金ゼロでもローンを組める住宅ローン補助を作った。ただしアメリカン・ドリームの保証人たるＦＨＡ保険と、それにともなうほぼ全面的な政府の住宅政策は、あくまで戸建て住宅に主眼を置いていた。集合住宅に対する保証は１棟につき７戸だったし、公共集合住宅の建築は非公共住宅33軒に対して１棟という割合だった。[9]

５分の１エーカー（約２４５坪）、または10分の１エーカー（約１２０坪）といった区画に一戸建て住宅を開発するのであれば、それは自動車という存在と切り離すことはできない。地理的な要件を踏まえれば当然だった。住宅開発の規模と速度を鑑みると、住宅地に路面電車が走ったり、村から都市へ通勤鉄道が走ったりする古い開発モデルは用をなさない。果てしなく広がる循環経路としての有料幹線道路が必要だ。これも、経済と社会と土地の景観を作り変えていく政府の野心的プログラムの一環――大予算を投じる部分――だった。エジプトのピラミッド建設より後、そして20世紀から21世紀への変わり目頃に推進された中国の都市化政策より前の期間で見れば、1956年に成立した全米州間国防高速道路網は、まさに最大規模の公共事業だ。連邦政府が建設費の9割を担う形で、4万1000マイル（約6・6万キロ）の道路建設が進められた。これは財源であるガソリン税を物理的にはほとんど、政治的には完全に、他の用途に使わせないという意図があった。主要な税源としては異例なことだが、高速道路信託基金はほかの支出にまったく回されなかったのである。しかも交通手段に投じられる予算は、住宅に投じられるFHA保険以上に郊外を重視する傾向が強く、都市のニーズは後回しだった。連邦政府の道路交通支出のうち、鉄道などの大量輸送機関に投じられたのは約1パーセントのみ。そして建設された幹線道路の長さの3分の2は大都市を取り巻く周辺地域にあった。つまり州間高速道路網は、州と州をつなぐというよりも、大都市周辺の郊外部のための道路、郊外高速道路網と名付けるべきだったのではないか。アメリカは意図的かつ意欲的に、郊外国家《サバービアン・ネーション》となったのである。戦後世代におけるアメリカの成長の約8割は、郊外で生じていた（大都市の4分の3は人口が減少した）[10]。

郊外へ大移動したことで、最底辺を除くすべての階層のアメリカ人家庭が自分たちの居場所を見つけ、その居場所を全員が同じ名前で認識していた。「中産階級のアメリカ」だ。おそろしく多数のアメリカ人が自分は中産階級であると言い切ってはばからない様子と、その理由について、社会科学者たちが理解に苦しんだほどだった。アメリカ人は嬉しげな行進で都市を出て（正確に言えば車で出て）、新しい郊外の家に入っていった。もちろん住宅はすべて同じではなく、大きさと品質には差があった。広い庭と大きな部屋をもつ家は、重要な特徴として、周囲にも似たような大きな家があった。地区ごとに同程度のステイタスと富がまとまっていたからだ。その差は正確に把握されていたし、よく理解されていた。ヨーロッパ大陸のうさんくさい平等主義や平等化など影も形もない。郊外開発は、階層によって、そしてもちろん人種によって、あからさまな分離・隔離をおこなったのである。だがそれでも、ステイタスと富のヒエラルキーは別個の世界を示していたわけではなかった。「二つの国家」があったわけではない〔二つの国家とは、イギリスの政治家・作家ベンジャミン・ディズレーリが書いた小説『シビル　あるいは二つの国 Sybil, or The Two Nations』を指している。ディズレーリはこの作品で、イギリスには上流階級と貧困層という2種類の国民がいると主張した〕。そこにあったのは、あくまでも一つの国家、すなわち中産階級のアメリカであり、単に一部の人が同じものを少し多く、少し品質のよいものを手に入れていたにすぎなかった。

実際のところ、「長きアイゼンハワー時代」と本書が呼ぶ時期の消費パターンには、それまでにない新しいタイプの民主化、もしくは均一化の現象が内在していた。住宅と庭、自動車、そして大量生産によって生み出された品物の数々がいろどる郊外の姿は、種類ではなく程度の差があるだけで、基本的にはみな同じという意味で民主的だったのだ。所得の安定成長を分配する平等な比例税率が、それを後押ししていた。金持ちの家にあるテレビは、たいていマホガニー製キャビネットに乗っていて、画面は安物より2インチから4インチ大きく、そして上位機種が続々と登場することによってますます大きく、ますます高級になっていったものの、そのテレビに映される内容はどの家庭も同じ。全国放送の3大テレビ局が流す番組だ。そしてどの家庭でもテレビをよく見た。3大テレビ局のニュースを見て――ニュースを見るようになったというのは重要な進歩だ――娯楽番組もみな同じものを見た。どの家庭でも朝食にはシリアルを――同じくどの家庭でも牛乳、パン、バターとともに――食べていたし、そのシリアルは種類こそ豊富ながら、メーカーは3、4社に限られていた。そして誰もがアイヴォリーかラックスかパルモリーブといったブランドの石鹸で手と顔を洗い、その石鹸のメーカー3社（プロクター・アンド・ギャンブル、ユニリーバ、コルゲートパルモリーブ）が作る歯磨き粉で歯を磨いた。どの家庭にも、細部がちがうだけでほぼ同じ冷蔵庫と洗濯機と乾燥機があった。そしておおむね全員が同じ映画を見て、同じ音楽を聴いた（1950年代からは世代によって好みが分化するのだが）。親は当然のごとく子どもを公立学校に通わせたので、地区ごとの分離と同質化がいっそう進んだ。

もちろん金持ちの乗るキャデラックにはたくさんの機能がついていて、一般人のシボレーよりも高い値段と品質をひけらかしていたが、そうした自動車の部品は約85パーセント同じだった。[11]

自動車と住宅と居住地区が示す富の差と順位づけを、誰もが受け入れていた。また、少しでも上をめざすべきだという義務感を誰もが抱いていた。だが、それは程度の差であって、種類のちがいではないことも、誰もが理解していたのである。郊外にいる自分たちは全員が全員、同じ中産階級のアメリカに生きている——彼らはそう確信していた。ドイツの神学者エルンスト・トレルチの優れた論稿『中世キリスト教の社会教説』に示された表現が、そうした生き方を言い当てている。「天国で、ベアトリーチェは彼女の詩人〔ダンテ〕に語る。天国の至福に程度の差があるとしても、そんなことは問題ではない。なぜなら、すべてよろこびなのだから、と」。

そのとおり——少なくとも、白いアメリカにとっては、そのとおり。そしてアメリカに誕生した新しい郊外に住むのは、白人だけだった。

人種

1960年、ロングアイランドのレヴィットタウンには8万2000人の住民が住んでいた。全員が白人だ。[12]多くの要因が重なることによって、階級で、もしくは少なくとも所得で、そして何より人種で分けるという、新しい郊外国家アメリカの特徴である——「定義である」と言ってもいいかもしれない——隔離が成立していた。

アメリカは根深い人種差別社会だった。歴史、法および慣習、そして人の意思や心情という面に照らしてもそうだったが、数々の要因のなかでも特に政府が、地方レベルでも連邦レベルでも、意図的な差別的取り組みを押し通していた。政策立案と司法をあずかる政府が、人種隔離政策を敷き、強化したのである。連邦住宅局（ＦＨＡ）は郊外開発における連邦政府の立役者であっただけではなく、郊外の人種隔離政策を推進した首謀者でもあった。ＦＨＡは住宅ローンを保証する条件として、資産に対する厳しい評価を義務づけた。それ自体は、急速に世界最大の資産保険会社となったＦＨＡの正しい行動にほかならない。ＦＨＡが開発した詳細な専門的評価の指針はすぐに公式な雛型となった。だが、その評価書類には、資産価値を判断するにあたり、物質的条件だけでなく、社会的条件が含まれていた。人種隔離政策はこの政府規定にはっきりと提示されていたのだ。全米住宅建設業者協会（ＮＡＨＢ）のエコノミスト、マイケル・カーリナーが次のように書いている。「ＦＨＡの引き受け基準には、地区が「均質」（隔離）であること、という指示が盛り込まれていた。ご親切にもＦＨＡが形式を整えた人種差別的な制限約款を通じて、その均質性が保証されるのだった」[13]。

連邦の住宅・道路交通振興プログラムの適用対象は、人種的制約を設けた郊外地域にほぼ集中していた。広大な交通網を整備する予算のうち、大量輸送機関に投じられたのは1パーセントのみだったし、ＦＨＡによる住宅ローン保証も85パーセントが郊外のために使われている。これが強い後押しとなって、白人家族は都市を捨てて郊外に移住していった。あとに残ったのは負の置き土産である。白人たちが一斉に離れたせいで、都市を形成していた秩序が雪崩式に崩壊していくこととなったからだ。出ていく白人が増えれば増えるほど、より多くの白人家族が、自分たちも脱出せねばという焦りに駆られた。都市にある学校からは白人中産階級の生徒が消え、大きく「残りカス」とくくられる生徒だけが残った。アフリカ系アメリカ人と、低所得層の白人の子どもたちである。そして税基盤はいっそう縮小した。

白人の転居が主たる要因となって、郊外は成長し、都会は衰退した。アフリカ系アメリカ人たちは、「インナーシティ」と呼ばれるようになる低所得者地域に押し込められた。雇用も郊外に移った。ショッピングセンターに入る小売店の雇用だけではなく、あらゆる業種の企業が郊外に移行した。地方対象の流通業にとっては都市中央部よりも幹線道路の合流地点のほうが都合がよかったし、製造業も郊外なら効率の良い平屋の工場を建てられたからだ（トラックの出入りもスムーズだ）。オフィスワークには郊外に住むホワイトカラーの労働力が起用され、その経営者も郊外に居住した。数少ない公営住宅（全着工数の3パーセント）は主にインナーシティに集中して建てられ、その入居資格に沿って、底辺層にいる社会的弱者の家族が集まった。「プロジェクト」――低所得者用の公営住宅がこう呼ばれた――は貧困と犯罪がくすぶる危険な孤島であり、忌避される場所だった。そこにはアフリカ系アメリカ人以外にも、転居することができない、もしくは転居しないことを選択して都市に残った者たちがいた。独り者、子どものいない家族、貧乏人、そして高齢者だ。以前は拡大家族として3世代ほどが一緒に暮らしていたのに、一部が郊外へ転居して、残された家族がかつての居住地区にしがみついている場合もあった。

密接に暮らしていた拡大家族が分裂するという傾向は、アメリカに強い虚無感をもたらした。子どもや高齢者の世話など、以前なら近所に住む親戚同士で面倒をみていたちょっとした雑用や、厄介な用事に対して、金銭的負担も増えた。強引に分裂した核家族の住居が広大な地域に立ち並び、車に依存した生活をするという、そんな地域を多数抱える国家を作ってしまったことによる当然の結果として、世界でも比較的裕福だった国々のどことくらべても、はるかにエネルギー消費が多い国家ができあがっていった。工業化が相当に進んでいるドイツとくらべてさえ、アメリカのエネルギー消費量は2倍だ。そしてインナーシティの虚無感や金銭的負担は、すぐにアメリカ全域に波及した。石油への依存がもたらす危機は、少し遅れて広がった。二酸化炭素の盛大な燃焼による危機は、最近になってようやくしぶしぶと、壊滅的に遅まきながらも理解され始めている。広大な面積に建てられた7000万戸もの住宅は、今でも、当面のところ建て替えられていく様子がない。

アメリカン・ドリームを守る

本章の冒頭で思い浮かべた三連作の絵を思い出してほしい。右側のパネルはとても大きく、胸躍る絵が描かれている。しかもこの絵はハイテクだ。ボタンを押せば、あなたはたちまち絵のなかの原子力空母の甲板に立ち、ジェット機の離陸を見守っている。次のボタンを押せば、あなたはそのジェット機のなかだ。空中戦闘を繰り広げ、急降下して、並んだ戦車を端から爆撃していく。さらに別のボタンを押すと、ロケット打ち上げシーンが目に飛び込んでくる。ボタンを2回押せば、地上からではなく潜水艦からもロケットが打ち上げられる。少年も議員もジャーナリストも、その光景に大喜びしている。

実際、国防には相当のカネが投じられていた。アイゼンハワーと、彼のもとで結託していた保守派の政治家たちが保持したのは、ニューディール政策の規制と経済構造（特に金融規制、そして程度は小さいながら労働規制も）だけではない。所得の分配（20年にわたる成長期を通じてほぼ一定だった）だけでもない。アイゼンハワーが朝鮮戦争を終結させたあとも、政府は軍事費を縮小しなかった。朝鮮戦争が終わった直後の1954年の時点で対GDP比が14パーセントだった軍事費は、さすがにそのレベルからは削減されたものの、過去の戦争終結後に見られたほど一気に減りはしなかったのである。むしろGDP比10パーセント前後という高さを頑なに維持した――クリントン政権とジョージ・W・ブッシュ政権で費やされた支出割合のおよそ2・

5倍だ。[14] 第二次世界大戦が熾烈をきわめた1944年には対GDP比38パーセントに上昇していた軍事支出が、終戦後1948年には約4パーセントに急落していたのとは、大きなちがいである。

だが4パーセントで底を打ったあと、軍事力の増強はとどまるところを知らないかに見えた。1950年の時点で、アメリカ合衆国は300個の核爆弾を保有していた。1960年にはその数が1万8000個になっていた。1970年には2万6000個だ。[15] 1954年には原子力潜水艦が完成し、1960年にはポラリス型原子力潜水艦が初の核弾頭発射に成功した。もちろんロシア人たちが静観しているわけもなく、冷戦が勃発した。有名なフレーズで言われたとおり、この時期のアメリカにはもはや戦時と平時の区別もなかった。[16] 軍事費にも、その区別はなかった。

アイゼンハワー政権（そしてニクソン政権とケネディ政権）の政府は、大きな政府だった。特に軍の存在感は大きかった。事実上つねに戦争経済の状態だったし、それは役に立っていた。戦争経済だったからこそ、ソヴィエト勢を食い止め、戦争経済だったからこそ、高い雇用率を維持し生産力を伸ばしていった（成長率はおよそ年2パーセントだ）。その成長はすべての所得層に分配された――過去20年のように高所得層に偏ることはなく、むしろ高所得者層にも平均所得者層にも同じ2パーセントの実質成長があり、25年ですべての層の所得が2倍になった。政府の借入金は少なく、税率の高い各種税金が政府の懐に入っていった。1950年から1970年のあいだの連邦赤字は平均1パーセント未満だ（わずかに黒字となる年も何年かあった）。[17] そして経済に投入された莫大なお金はアメリカ経済のなかで回っており、そこから漏れ出ていくことはなかった。輸入は1950年代から1960年代を通じてGDPの3パーセントを占めるだけで、輸出のほうがわずかながら多く、結果的に貿易収支がプラスになっていた。

軍事費は、第一の使途であるソヴィエト撃退にとどまることなく、多くの副次的目標に対しても投じられていった。いまだに後進的な田舎だった南部を発展させようという、連邦政府の取り組みを主に支えたのも軍事費だ。この取り組みは、ニューディール期から本格的に始まり（農村部を刺激するＴＶＡのプログラムはその一例だ）、財政連邦主義を行きわたらせる巨大なチューブ、すなわち連邦補助高速道路法のもとで建設された州間高速道路網に沿って続けられていた。１９５０年には、国勢調査がおこなわれた南部地域では、ひとり当たりの年間所得が全国平均の63パーセントだった。１９７０年には、これが74パーセントに上昇している(18)。もちろん軍事支出だけがこの伸びに寄与したわけではない。空調設備が果たした役割は絶大だった。深南部《ディープサウス》から転出する人の多さも平均所得に大きく影響したし、繊維製品や服飾の製造など労働集約性の高い業界が賃金の高いニューイングランドや中部大西洋側の州から南部に移っていたのも、同じく所得平均を上げた要因の一つだ。一方、極西部《ファーウェスト》の土地はほぼ砂漠だった。雨量はゼロに近く、地表水があるのはもっぱら南西部のコロラド川水系、北西部のコロンビア川水系、そしてカリフォルニアのサクラメント－サンホアキン川水系という、山から流れる３本の河川系の範囲だけだ。そこで、これらの大河の水系にダムを建造し治水する取り組みがニューディール期とアイゼンハワー時代を通じて実行され、ロサンゼルス、ラスベガス、フェニックスといった大都市を成立させるとともに、カリフォルニアの農業と、こうした地域の著しい人口成長を促した(19)。

軍事支出の対象は、北東部と中西部から、南部と南西部へと移行していった。その移行は空軍力の変化の表れでもあり、計画的な地域開発方針の継続によるものでもあったが、軍事予算を管理する主要委員会に南部出身の上院・下院議員がもっぱら常任として、アンバランスなほど多く在籍していた点も大きかった。

経済の姿を徐々に作り変えていくリーディングセクターが成長すれば、基本的には、それに付随して経済政策も作り変えられていく。そのセクターに得をさせることを目標とする政治権力が動く場が生まれるからだ。戦争経済が恒常的かのように続いたのも、その典型的な例だった（これが歴史上最後の例というわけではない）。こうしたセクターの成長は、たいていの場合、政治的手段を通じてみずからの経済的ポジションを保持および強化していくことを重視する。軍事力の場合で言うと、主眼を置くべきは国防予算だ。そのため軍は、予算の保持・拡大につながる政治力を固めるために、予算を使う。まずは主な下院選挙区に、最終的には幅広い下院選挙区のために軍事費を使うことで、支持をとりつけていくのが自然な流れというわけだ。

ジョージ・ワシントンは辞任演説において、「身動きのとりにくい外国との同盟関係」〔正しくは聖書の表現〕について警告を発していたが、それを遠回しに踏襲するかのように、アイゼンハワーは自身の辞任演説（1961年1月17日）で、戦争経済の恒常的継続がはらむ危険性について、国家に警句を発している。「政府内のさまざまな会議で、軍産複合体が不当な影響力を行使することは、それが意図的であるかどうかにかかわらず、阻止しなければならない。誤って台頭した権力が破壊的猛威を振るう可能性は今も、そして今後も存在している[20]」。

限りなきフロンティア

三連作の右側の絵「アメリカン・ドリームを守る」から、泡が行き交う透明のチューブでつながっているのが、3枚目の絵「科学技術——限りなきフロンティア」だ。国防と民間経済、その両方のために基礎科学とテクノロジーの世界を開拓していこうという、すばらしく刺激的な命名と理屈である。

この絵の主題は想像の実現だ。科学と技術によってまったく新しいものを生み出そうというのだ。1枚目の絵に描かれていた郊外の住宅、車、洗濯機や、2枚目の絵に描かれていた原子爆弾、ジェット戦闘機、航空母艦、ロケットなどとくらべると、まったく新しいものというのは、思い浮かべたり評価したり、もしくは理解したりするだけでも難しい。とはいえ、3枚目の絵に時間の流れとともに登場していく発明品は、完全に想像の世界の産物というわけでもなかった。たとえば、原子力がもたらす測定できないほど安価な電力。たとえば、アメリカ人があっというまに大陸や海を越えられるジェット旅客機。一瞬で夕食ができあがるレーダー式オーブン。漫画の主人公がはめているハイテク型腕時計も、きっと実現するにちがいない。それから半分がレーダー装置で半分がテレビのような妙な画面があって、点々や数字やらが点滅していて、ギラギラ光る真空管がくっついていて、白衣を着た男たちがとり囲んでいる。それ全部で「コンピューター」と言うらしく、急速に迫りつつある未来のなかでもかなり有望視されている。よく理解はできない――しかし、なんとなく胸は躍る。それから忘れてはいけない、ポリオワクチンとペニシリンだ。社会を一変させる科学力の例として、原子爆弾に並んで世界に評価されている3大発明である。

「限りなきフロンティア」というミッションは、本気でこうした目標をめざしていた。産業政策を隠すために煙に巻いたわけではなかったのだ。軍事費を研究開発の支援に回したのも、はっきりとミッションを意識してのことだ。だが、そのミッションを定義し、そのミッションを成功させるために必要なものを決めていたのは、ペンタゴンである。原子力推進技術があれば核弾頭ミサイルを積んだ潜水艦が深海を航行できるようになり、この決定的な武器によってアメリカは確実な反撃力をもつことになる、と海軍が判断すれば、さっそくその開発が始められた。戦闘機の空中燃料補給のための空中給油機を開発するべきだと空軍が考えれば、それに乗り出した。さらに空軍が、新たに（ベル研究所で）考案されたトランジスタなら戦闘機内で邪魔になる大きくて熱くて途切れやすい真空管のかわりになる――その他のさまざまなテクノロジーもアップグレードできる――と考えれば、トランジスタ開発に資金援助をしたし、その後は半導体技術にも大々的に支援した。もしくは、ソヴィエトの攻撃を早期に知らせる長いレーダー網を整えるべきだと思えば、それを機能させるためにはコンピューター技術と通信技術に目を剝くほどの飛躍的進歩が必要になるというのに、ためらいもせず莫大な費用を投じて実現に乗り出した――そして、少なくともコンピューター能力という面では、たしかに飛躍的な結果を生んだ。軍事予算は、たとえるなら広大な豪邸というほどに巨額で、部屋数も多かったので（ほとんどの部屋は内側に機密部屋があり、さらにその中に小さな機密部屋があるのだ）、軍から見て興味深くさえあればなんにでも――大型の買収プログラムという形にはせずに――ためらいなく研究開発資金を投じていたのである。

軍事費を采配する立場にあった人々は、こうした技術が民間経済にもたらすかもしれない価値を考えていないわけではなかったが、それでも彼らとて、どの技術がどれほど成長するか想定できたわけではない。そこで、ふさわしいと思うところがあれば、技術を民間に移転した。まもなく、このプロセスを表す言葉も登場した。民生転用《スピンオフ》だ。

こうして、巨額予算をかけた軍民両用の成果が生まれていった。軍事技術における優位性は維持され、（ソヴィエトのスプートニクに先を越されるというバツの悪い思いをしたあとは、優位性確保のための努力にいっそう力を入れて）、アメリカは将来を見据えたパワフルかつ成果の大きい産業政策を確立した。今の私たちがデジタルテクノロジーや「先進技術」と呼ぶものに向けて、その幅広く革新的な活用に向けて、産業政策が経済の姿を作り変えていった。とはいえ、それはあくまでスピンオフだ。明らかに副次的目標であって、当初から民間経済に狙いを定めた試みではなかったし、民間経済に直接的に資金援助するわけでもなかった。ニューディール期と第二次世界大戦中には、行動する大きな政府によってプラスの経済体験をしたにもかかわらず、アメリカは国家統制主義的経済を生み出しはしなかったのである（国防は大きな例外として）。むしろこの国は、アメリカの同盟国と、第三諸国（少なくとも反市場、反民主主義、全体主義のソヴィエト共産主義体制の支配下にない世界の国々）を導き、まるで良い親のように――おだやかに、しかし断固として――民間企業の価値観と制度に根差した自由民主主義で自由市場ベースの世界経済を認めさせ、受け入れさせていった。ヨーロッパで、日本で、そしてのちにはゆっくりと韓国と台湾で、それを実行していった。少なくとも経済構造と経済政策に関する限り、そこにあったのは徹底した実利主義だ。アメリカの政治をあずかる人々には、政府にしかできないことだけをするべきだ――そして民間ビジネスのために道を開けてやるべきだという強い信念があった。だからといって、その目標に向けてヨーロッパの同盟国を強引に押しやったわけではない。また、政府が経済に対して果たす正しい役割は何なのか、正しくない役割は何なのか、その二つの厳密な区分に気を使い過ぎることもなかった。

経済の主要セクターを支配する国営企業？　いいじゃないか。フランスの巨大で業績もよい国営セクターの数々――銀行、電力、エネルギー、航空機製造、航空会社、煙草、鉄道、テレビ放送、通信など――は戦後ほぼ50年が経つまで民営化されなかったし、その後に民営化したのもアメリカ政府からの直接的圧力が理由ではなく（アメリカがそうした直接的圧力を発揮しなくなって久しかった）、EUという新しい構造および規制が理由だった。スペインとイタリアも似たような経緯をたどった。そして欧州経済復興政策（マーシャルプラン）の時代に、フランスで資本が著しく枯渇すると、政府はその希少な資本を計画的に複数の産業に采配した。これもよい考え方だと見られたため、西ドイツでも、大手企業とつながった少数の大手銀行を介して同様の試みが効果的に実施された。

価格統制？　通貨管理？　もちろんやろう――厳密には大歓迎とは言えないものの、状況を鑑みれば当然必要だ。それに、こうした急場しのぎの方策に対し、迅速な打ち切りが求められることもなかった。日本における公式な通貨管理は1980年まで維持され、その後も非公式にかなり長く続いた。フランス、フィンランド、スウェーデンは、経済協力開発機構（OECD）のレポートの文言によると1980年代なかばに「資本規制体制の中核部分の自由化を開始」していたが、それが完遂したのは5年ほどが経ってからのことだった(21)。

冷戦がアメリカの政策と政治を大きく左右したことは否めない。それは地政学的な対立というより、むしろイデオロギーの争い――自由民主主義および市場資本主義と、全体主義、共産主義、国家統制主義との争い――であり、それゆえに、イデオロギーの旗を振りかざした主張とヒステリックな反応を盛大に引き起こし、その両方がアメリカ国内で暴走して、みっともなくもしばらく継続することとなった。だが、こうした状況を鑑みればむしろおどろくほどに、経済――自国の、そして同盟国の――に対するアメリカの政策はイデオロギーに左右されなかった。全体で見れば、選ぶ手段はきわめて実利的で、見据えた目的はきわめて具体的だったのだ。マーシャルプランの立ち上げ直後、そして1950年代に至るまで、アメリカが他国に対して途方もない影響力をもっていた時期でさえ、この国はヨーロッパ同盟国の大半が国家統制主義的な経済制度と経済政策をもつことを肯定した。独占勢力であるという理由でアメリカが強く解体を進めた「財閥」の復活さえ許している（財閥とは、日本の産業・金融業界において見られたビジネス共同体のことで、これがのちに「系列」という新たな名前に生まれ変わった）。

また、アメリカの政策立案者たち、特に軍事計画を立てる立場にある人々は、科学技術の基礎研究および早期開発――「限りなきフロンティア」へ、そして軍事技術の恒久的優位性へと向かう最初の重大なステップ――を民間企業に丸投げするわけにはいかないこと、ならば民間企業と契約を結べばいいことを、理解していた。

基礎研究は、資本市場に依存する民間企業が計画的な規模で実施するには、あまりにもコストがかかり、あまりにもリスキーで、さらに一番厄介なことに結果が不確実だ。ただし、大きな例外と言えるものもわずかながらある。なかでも、どんなに強調しても誇張にならないほど歴然と重要であったのは、ベル研究所――経済を動かす科学と発明の工場――の存在だ。ベル研究所は、規制下の独占通信事業であったAT&Tの研究部門であり、主要な軍の契約先だった。法的には民間企業だが、その実体は民間企業とはかけ離れている。これといって大きな業績も出さず、財務的リスクもなしに基礎研究をおこなうことができ、しかも研究だけをひたすら追求する文化が深く根を下ろしていた。[22] 政府が寵愛する契約先でもあった。IBMも重要な研究能力を獲得し、ベル研究所よりも少し遅れながらも、主に軍事契約のもとで開発を進めていく。政府のほうは、よかれと考えれば企業に介入し、リスクと牽引役を引き受けた。全米科学財団（NSF）のような非軍事的政府機関も大きく育ってはいたが、研究開発を設計し、資金を与え、監督し、そして同じく重要な点として、ローンチカスタマー〔開発に踏み切るに充分な規模の契約をおこなう顧客〕として重大な役割を果たすことが多かったのも、圧倒的に軍部（そして、その同類のNASAおよび原子力委員会）だったのである。

原子力

政府は過去も現在も、核エネルギーにかかわるすべてのことを厳しく統制している。原子力発電装置は民間企業によって製造され、原子力発電所も民間企業によって建築され、民間事業者によって運営されていたものの、この産業全体は政府によって発明と開発と監督が進められた。航空機、半導体、コンピューター、ソフトウェア、そして鉄やエンジンといった産業とはまったく異なる特別な扱いだ。ローレンス・リヴァモア国立研究所の所長が、本書著者のひとりに、「原子力問題に関しては、起業家精神というものを奨励しない」と語っている。

保有する原子爆弾の増加と合わせて、アメリカ政府は1940年代後半から1950年代初期にかけて、原子炉の開発を進めていた。海軍の方針を決定する立場にある者にしてみれば、原子力潜水艦と原子力空母を走らせる技術の確保は最優先目標であったため、原子炉開発という仕事が海軍のプログラムとして誕生したのである。ここで実現した発電方式を民間経済に応用したことで大きな産業が生まれ、政府の主契約業者だったウェスティングハウスのようなアメリカ企業が世界を支配することとなった。[23] 戦争における核兵器使用がもたらす破滅とは別に、原子炉から生じる電気は明るい希望であり、「原子力は大切に平和的に利用されます」という約束であり、目を剝くほどの開発費用を埋める妥当な使い道であると考えられた。

原子力委員会のルイス・シュトラウス議長は1954年に、子どもたちの時代には原子力が「測定できないほど安価」になるという予測を示した。[24] アイゼンハワー大統領はシュトラウスの楽観的見解を共有し、その壮大な約束を――核戦争の壊滅的脅威を緩和するために国際的管理をおこなう交渉をはじめるという提言とともに――国連総会決議にもち込んだ。アイゼンハワーはこのときの有名な演説「平和のための原子力」で、原子力技術をアメリカの同盟国たるヨーロッパ各国のみならず開発途上国にも提供する、と語った。この技術は途上国の経済に変革を起こす力だと考えられたからである。[25] ソヴィエトにも民間原子力発電所が登場するのだが、その第1号設立の7カ月前にあたる1953年12月8日の時点で、この演説がおこなわれている。アメリカの技術は、アメリカの電力事業者に任せられ、ウェスティングハウスなどのアメリカ政府の契約業者を介して主要な同盟国と共有された。そしてアメリカ政府の承認とサポートのもと、多くの国でアメリカ企業がみずから、もしくは他社にライセンス契約を結ばせるという形で、原子力発電所の建設を推進し、原子力エンジニアの訓練を実施して、それらの国々――最終的にはイランとパキスタンも含めて――が独自に開発を進められるようにした。原子力はグローバルに成長していった。

その成長は、少なくともアメリカにおいては、唐突に止まった。原子力発電所は今もアメリカの電力供給のうちおそらく5分の1を占めているし（ざっくりと計算すれば750億ドル相当）、原子力エネルギー推進国であるフランスではほぼ半分を占めているものの、スリーマイル島原子力発電所事故が起きた1979年以降、アメリカ国内で新たな原子炉は1基も作られていない。そして、原子力が平和をもたらすという約束はいまだに実現していない。原子炉は貧困にあえぐ国々が繁栄と平和に向かう道筋にはなっていないし、海軍を除けば、運輸における役割も何ら果たしていない。医療で革命も起こしていない。原子力に関連する経験は、何ひとつとして、原子力が検針できないほど安価であるとは立証していない。むしろいくつかの事例は、原子力が計算できないほど高くつくことを立証している。たしかに、軍の研究開発からスピンオフした原子力という産業は巨大だった。だが明らかに、そこにはらまれる皮肉のほうが、より巨大であったのだ。しかも、このゲームはいまだ終わっていない。

商用ジェット旅客機

商用ジェット旅客機も、軍の研究開発および調達プログラムからの民生転用として生まれた。そしてほぼ瞬時にして、付加価値あふれる巨大アメリカ産業となり、まったく新しい経済活動の数々を生み出すとともに、あらゆる国家の人々に対して、そしてもっとも重要な存在である母国の国民に対して、技術と産業におけるアメリカのリーダーシップを示すパワフルなシンボルになった。ボーイング社は、空中で戦闘機や爆撃機に給油するKC－135ストラトタンカーの開発契約を、巧みに立ち回り運にも助けられて勝ち取った。ペンタゴンはその高額な開発費を支援し、その後は長期にわたって相当数の機体を購入した。こうした長期的なサポートは、専門的な機械工具の開発までカバーしていた。航空機を飛ばすジェットエンジンも、アメリカ空軍の契約のもとで、目の玉が飛び出るほどのコストとリスクをともなって開発されたし、そのエンジン製造に必要な冶金の研究開発も空軍の指示のもとで進められた。民間ジェット旅客機ボーイング707はKC－135と同じ組立ラインから登場したので、当然にと言うべきかユーモラスにと言うべきか、「窓のあるKC－135」という扱いだった。どちらもボーイング367－80のプロトタイプをわずかに調整して応用したものだ。[26] この707型機は即座にトップに躍り出ている。1958年のアメリカ旅客機市場では0パーセントだったボーイング社のシェアが、1959年には30パーセント、1964年には92パーセントとなり、世界を席巻した。[27] その並ぶ者のない支配は1980年代末まで続いたが、その後にエアバス社――将来に向けた大型技術力獲得のための欧州協力の最大の象徴、かつ長年にわたる莫大な補助金の受益者――がボーイング支配に挑戦を挑み、ついには複占として肩を並べるまでに台頭する。現在は、やはり莫大な金銭的補助を受けている中国のライバルから挑まれようとしているところだ。

電子レンジ

それから電子レンジを忘れるわけにはいかない。民生転用の成功例をランキングにするなら、必ず入って来る存在だ。商用旅客機、原子力、コンピューターや先進的通信技術のあれこれとくらべれば、経済的重要性の面ではそれほど大きくはない。むしろささやかと言えなくもないが、それでも電子レンジ《マイクロウェイブ・オーブン》――当時は「レーダー・レンジ」と呼ばれていた――は、まさに国防プログラムから登場した産物だった。主にレーダー技術を専門とした軍事企業レイセオン社が電子レンジを開発したのである。伝えられる話によれば、レイセオン社のエンジニアが、軍用レーダー機器に使うマグネトロンを利用した導波管の前にポップコーンの袋を置いたところ、コーンの実がはじけ出したのだという。１９４７年には飲食店用電子レンジの商品化に成功し、その後は大手軍事企業ならではのスピードを発揮して、１９６５年には初の家庭用電子レンジを売り出した。テクノロジー史の研究家ジョン・アリックらは、電子レンジのことを、「成功を保証する政府の働きかけがなく……自由に、そして狙いを定めずに、技術政策に別の用途を生み出した」[28]という意味で、純粋な民生転用の典型であったと指摘している（レイセオン社は最終的にはアジアの競合他社に市場を奪われた）。

デジタル時代の始まり

この時代が成し遂げた真に革新的な、もしくはその後の発展の基盤となった成果と言えば、それは情報技術（ＩＴ）である。今の私たちの職場や家庭に広く浸透したデジタル環境は、そもそも、この長きアイゼンハワー時代のコンセンサスにもとづく諸政策から誕生したものだ――ただし、その効果が完全に目に見えるようになってきたのは、近年ではあるのだが。例によって、連邦政府の研究開発や調達プログラム（もっぱら軍、のちにはＮＡＳＡ）から民生転用する形で、情報技術は発展していったのである。

ペンタゴン、ＮＡＳＡ、エネルギー省傘下の国立研究所、そして全米科学財団（ＮＳＦ）は、主にベル研究所を通じて研究開発の推進と支援をおこなった。そこから重要な発明が生まれ、最初の応用が試みられ、そこからさらに飛躍的な成長につながったというわけだ。トランジスタと半導体、レーザー、光ファイバー、コンピューター、コンピューターをリアルタイムで動かすソフトウェア、インターネット、人工知能、衛星技術――それ自体が革新的であると同時に、その上に建物を築いていける基盤となるような、さまざまな発明が生まれたのである。技術進歩をかなえる有能な人材を育てるため、大学のコンピューター学部の設立や資金援助もおこなわれた。最近になってごくわずかな投資でアルゴリズムやアプリの開発が可能になるまでは、シリコンバレーのガレージで若者たちが発明をひねり出すというのが王道となっていたものだったが、この時期にまったく新しい産業を切り拓き、他の産業の多くを変容させた発明の数々は、そうしたシリコンバレーのガレージの若者ではなく、もっと年配の、もっと経験を積んだ、政府プログラムや企業や大学から独立した起業家兼発明家が生み出していたのである。[29] 彼らは発明力ではなく、おおいなる創造力と想像力を駆使して、発明品の調整方法、応用方法、あるいは新たな使い道を考案し、政府と契約した軍事企業や成熟した大企業ではとうていかなわなかった方法で、加速度的に普及させていった。政府が新しい経済空間を実現させ、または切り拓いて、立ち上げに必要なものを提供すると、そこへ起業家たちがなだれこみ、新しいプロダクトや産業を生み出しにかかり、そして、そのプロセスを通じて経済の姿が作り変えられていく――まさにこのとおりの筋書きが展開されていったのである。

民生転用の機は熟していたのだ。政府、特に軍と宇宙関連のプログラムは、新しいテクノロジーが約束するものをぜひとも必要としており、きわめて不確実なものにも長期的投資をしていく意欲があり、実際にそれが可能だった。政府は長きにわたってリードユーザーの役割を果たしつつ、賢く、忍耐強く、充分な資金を持った、リスクをおそれない投資家の役割も果たし続けた。こうしてアメリカには、民生転用された技術を展開し、軍に必要なものを供給し、開発と受容と応用を通じて新しい民需品を製造するスキルを備えた工業力が整っていった。いわゆる「スピルオーバー効果」（漏出・拡散効果）だ。もっぱら地理的に狭い範囲でスピルオーバーが繰り返され、経済を変容させていった。民生転用モデルが経済再設計に貢献するためには、起業家と資本とスキルが国内にある必要があったが、20世紀の最後の数年間になるまで、起業家と資本とスキルはアメリカ経済のお膝元にあった。このモデルの効果は絶大だった。

ペンタゴンは半導体技術と、力強く競争力を持ったアメリカ半導体業界の発展を後押しした――半導体業界とはすなわち、シリコンバレーという名称が生まれるきっかけとなった若き企業、具体的にはフェアチャイルドセミコンダクター、インテル、ナショナルセミコンダクター、ＡＭＤと、続々と増えつつあったその仲間たちのことだ。そして半導体技術の誕生初期において、市場とはペンタゴンのことだった。全生産量の95パーセントを高値で買っていたからだ[30]。少数の大手企業を補助して済ますのではなく、若き競争力ある半導体企業の生態系を成立させることに力を入れていたのは、ほかでもないペンタゴンだった。

これはペンタゴンの調達方法として、控えめに言っても、きわめて異例のやり方だ。歴史を振り返ってみると、イーライ・ホイットニーの時代から、しかるべき議員との太いパイプこそが、軍事企業にとってもっとも貴重な資産だった。ところがこのときのペンタゴンは、どうしても確保せねばならない技術を得るにあたって創業まもない、まだ力量も証明されていない――脆弱である可能性も高い――企業の力に頼らざるを得ないと判断し、それならばと、１社に完全委託しないデュアルソーシングを推進することにした[31]。必然的に、技術は企業のあいだで拡散していく。これがこの業界の市場構造を形作った。前例のないスピードで成長する機敏な新興企業にあふれる、実質的な独占がほとんどない市場構造だ。

そして、半導体の性能と信頼性が驚異的に成長したほんの数年で、商業市場はペンタゴンのシェアを大きく凌駕していった。インテル設立者のひとりゴードン・ムーアの推論、のちに「ムーアの法則」と呼ばれる現象も起きた。半導体の性能は18カ月ごとに２倍に伸びていったのである。それからの25年間、半導体と、パソコン、ノートパソコン、計算機、家電、自動車システム、機械――つまりは何から何まで――といった応用技術の数々が複合的に発展していったのは、もうペンタゴンのおかげではなく、競争的で起業家精神あふれる環境が生まれていたためだった。

それでも1950年代から1960年代にかけて、コンピューターが胸躍る実験的な成長期を迎えていたあいだ、生まれてまもないデジタル産業は政府の支援を、もっと言えばスポンサーシップを必要とした。1966年にはわずか66人だったコンピューターサイエンスの学位取得者は、1989年には4万2000人に増えた[32]。これは、大学や企業がコンピューターサイエンスは賭ける価値のある分野だと判断したために起きたことではなく、全米科学財団（NSF）が本格的かつ持続的な形で、そのゲームに踏み込んだからだった。具体的には、大学における一般教育と科学的利用のために、コンピューター機器の提供を始めたのである。全米研究評議会のレポートにある表現によれば、NSFは「コンピューター時代に入っていくため、アメリカの大学を金銭的に支援する」という大きな判断をしたのだった[33]。

コンピューター時代は、ENIAC（エニアック）とともに始まったと言ってもいいかもしれない。陸軍研究所（ARL）の資金援助のもと、ペンシルヴェニア大学で1946年に開発された初のデジタルコンピューターの名前だ。大昔のコンピューターのイメージをおもしろおかしく描けばこんな感じ、といった様相のしろものだった。広い室内を占めるほどの大きさで、周囲を白衣の研究員たちが大勢走りまわって、真空管を取り替えたり、レバーを引いたり、ボタンを押したり、メモをとったりしていた。しかし同年の後半に新たなステージが到来する。海軍が、汎用性フライトシミュレーターを生み出す狙いで、「プロジェクト・ホワールウィンド」なる開発計画を立ち上げたのである。1949年になる頃には、このプロジェクトが海軍の研究予算の約10パーセントを食うまでになっていたが、成果を示す装置はできていなかった。そんな状況で――莫大な費用をかけ、結果が出ず、失敗を宣言すれば組織的なペナルティも考えられる状況で――例によってペンタゴンが反応した。

ホワールウィンドが成功しない理由は、開発の規模が小さかったからだ。プロジェクトを救う唯一の方法は、規模をけたちがいに大きくするしかない。そこでホワールウィンドは、空軍が進めていたプロジェクトに組み込まれることとなった。SAGE（半自動式防空管制組織）と呼ばれる、コンピューターシステムにつながったレーダー基地を並べて北極方面を監視し、ソヴィエトのミサイルを早期に検知・対応しようとするプロジェクトだ。これを稼働させるためには、24時間体制でリアルタイムにコンピューティングシステムを連動させなければならない。長期かつ大きな予算のかかった、ものものしいプロジェクトだった。投じられた費用は最終的にマンハッタン計画をも上回っている。[34] ところが結局、設計され導入されたシステムはアメリカの国防にさほど効果をもたらさず、衛星技術が登場するやいなや無用の長物となってしまった（1957年にはソヴィエトがスプートニクを打ち上げている）。

だが、このSAGEプロジェクトから、数々のイノベーション――磁気コアメモリ、デジタル電話回線トランスミッション、リアルタイムソフトウェアなど――が生まれた。これによってSAGEは、コンピューティングを科学的事象から経済的事象へと引き上げたのである。これは、アメリカが2世代強にわたって主要産業および技術で追随を許さぬ支配を敷く基盤となった。その支配は今日においても続いている。

ペンタゴンとの契約でSAGEのコンピューターを製造したIBMは、鍵となるイノベーションを生み出し、他の製品として具体化した。つまりSAGEがIBMを作ったのだ。IBMはこのプロジェクトのために56台のコンピューターを構築し、5億ドル以上を稼いだ（現在の40億ドル相当）。そしてSAGEが終わってみれば、経験を積んだコンピューター設計者とプログラマーたち、そしてIBMのメインフレームコンピューター360シリーズのコアシステムが手に入っていた。あらゆる価格のシステムに単一のメインフレームアーキテクチャで対応できることから、ユーザーにとっては互換性があり、IBMは長らくグローバルな支配を謳歌することとなった。[35]

インターネットもペンタゴンによる産物だ。アメリカ国防高等研究計画局（ＤＡＲＰＡ）の輝かしい成功例である。ＤＡＲＰＡは、スプートニク打ち上げ直後に、軍用技術の開発を目的として設立された。もともと異質であることを目的として作られた組織で、非現実的にして無謀で大胆、リスクをいとわず、既成概念にとらわれない。イリノイ州選出の民主党上院議員ウィリアム・プロックスマイアをはじめとして、脈略のない無駄ばかりだと糾弾する声もあったが、これがＤＡＲＰＡのやり方だった。[36] ＤＡＲＰＡはアメリカでもっとも成功したベンチャーキャピタリストと言ってまちがいない。

現在インターネットと呼ばれているものは、旧姓をＤＡＲＰＡＮＥＴと言う。これが実現した背景には、ペンタゴンから資金提供を受けた研究者たちが１９６０年代初期に開発したパケット交換技術があった。現在では通信データ経路制御の支配的方式となったパケット交換は、従来の電話回線交換とは根本的に異なっている。回線交換は（一時的に）接続回線を占有するのに対し、パケット交換はメッセージを小さな「パケット」に分割し、それをとにかく目的地へ送るというもので、回線を占有しない。回線交換の通信網とちがって中央コントロールセンターを要さず、かわりに追加のネットワーク層（レイヤ）を使う。回線交換のネットワークがハードウェアでおこなうこと――回線を確立する――を、パケット交換はソフトウェアでおこなうのである。その回線確立ソフトウェアのプロトコルが二つ組み合わさったのが、現代のデジタル社会を成立させているＴＣＰ／ＩＰだ。これを開発したのはシリコンバレーのガレージに住みベンチャー支援を受けた若者ではなく、ＤＡＲＰＡ職員だった計算機科学者のヴィントン・サーフ、そして同じく計算機科学者でのちにＤＡＲＰＡを率いるロバート・カーンだった。

ＤＡＲＰＡＮＥＴはＡＲＰＡＮＥＴとなり（一般公開を意識して「国防 Defense」のＤを落とした）、全米科学財団（ＮＳＦ）によるＮＳＦＮＥＴへの資金提供のおかげで、膨大な量のトラフィックを支えるまでに成長し、一般に広く利用可能な大容量基幹回線網となった。この誕生には、当時は上院議員だったアル・ゴアが重要な役割を果たした。[37]

だが、大容量の基幹回線に伝送制御と相互ネットワーク・ソフトウェアを備えたパケット交換ネットワークがむき出しのコンピューターに接続しているというだけでは、コンピューター科学者を除いて誰も使いこなすことができない。必要なのは、ネットワークを使う者とリソースを作る者の両方が利用できる、優れた、シンプルで、わかりやすいインターフェイスだ。それをかなえたのがハイパーテキスト・マークアップ・ランゲージ（ＨＴＭＬ）である。フランス国境地帯のスイス側にある研究所、欧州原子核機構（ＣＥＲＮ）がＨＴＭＬを考案した。ＣＥＲＮは、いつか黒字やキャピタルゲインを達成したいと夢見る自由市場のスタートアップなどではなかった。当時も、そして現在も、ＣＲＥＮはヨーロッパ諸国政府のコンソーシアムによって運営される素粒子物理学研究所だ。さらなる技術を生み出す基盤となる革新《ファンダメンタル・イノベーション》として、この時期に生まれたほかの例と同様、ＨＴＭＬはシリコンバレーのガレージで書かれたのではなかった。これも政府技術者、すなわちＣＥＲＮの計算機科学者ティム・バーナーズ＝リーが考案したものだったからだ。それからＮＣＳＡモザイクという名称だった初の大衆市場向けブラウザも、政府系研究所である米国立スーパーコンピューター応用研究所のマーク・アンドリーセンによって開発された。その後、起業家のジム・クラークがブラウザの開発者たちをシリコンバレーに取り込んで、同種のものを新たにゼロから再開発させる。１９９０年代のＩＴバブルを代表する株式会社の誕生につながったこのブラウザとは、もちろんご存じのとおり、ネットスケープのことだ。

本書の趣旨に合う歴史だけを拾って語っていると思われるかもしれないが、決してそんなことはない。仮にそう思われるのだとしたら、まだまだ語れることはある。たとえば、マウス、アイコン、ポイント&

クリック技術がPARC（当時はコピー機市場の独占企業だったゼロックスの一部門として設立されたパロアルト研究所のこと）で生まれた経緯も話せるだろう。そして、これらの技術が正攻法で民間に広がったのではなく、スティーブ・ジョブズのような人々によって、むしろ正規の手順を踏まずに引き出されていった経緯も。ジョブズはゼロックスの技術を利用することで成功したのだし、そうした技術を長年採用したあとになって、アップルはゼロックスから知的財産を買い取るべきだったと気づいたという点も、指摘できるだろう。さらにマリアナ・マッツカートが『企業家としての国家』で示した意見を引用してもいい。マッツカートは、アップルのiPhoneを構成するのは圧倒的に政府が生み出した技術ばかりであること、それらが巧妙に――まさに天才的に――統合され、組み立てられ、表示されていると指摘している。[38]ほかにも人工知能、音声認識、衛星技術など、さまざまな民生転用の成功例について詳しく挙げていってもいい。製薬会社各社の研究開発はどれほど政府の資金援助に頼っていたか、説明するのもやぶさかではない。前述のマッツカートの考察によると、新薬と、その新薬に追随して生まれた医薬品を含め、分子化合物の75パーセントは政府の支援を受けた研究から生まれている。[39]

だが、そういった話を延々と語り続けなくとも、ポイントははっきりしている、デジタル時代を支えるファンダメンタル・テクノロジーの大半は、ペンタゴン、NASA、その他の政府機関の開発または資金提供によって実現したものなのだ。その発明品とプラットフォーム技術を、大勢の起業家たちや、現在ではすっかり大手となった企業の創業者たちが手に入れ、多種多様に適合させ、昔なら想像すらつかなかったような応用を生み出していった。彼らはそうしてアメリカ経済の姿を作り変えていったのである。

＊

政府が、その状況で取りうる手段を尽くす――法や規制を改正し、現金で、税制優遇措置で、もしくはローンのリスク低減措置といった方法で資金を提供する――ことにより、莫大な投資と、輸入からの保護と、さまざまな（ときにはきわめて直接的な）手法を通じて発明・技術開発を支援していく。そして、こうした経済政策が組み合わさって新しい経済空間を開いていく。アメリカが何度となく繰り返してきた歴史の真骨頂と言えるのが、この長きアイゼンハワー時代だった。このように新しい経済空間が作られ、起業家精神にあふれたエネルギーとイノベーションが流れこむ水門が開かれると、それらが勢大に範囲を広げ、経済の姿を作り変えていくのである。

政府が民間企業を刺激し、保護し、新しい経済空間での急成長を促すことによって経済を生まれ変わらせていくという、この長い成功の歴史は、昨今のアメリカ人の記憶や議論から抜け落ちてしまったのかもしれない。だが一方で、アメリカ以外の国ではそうではなかった。それらの国々は、自国経済の再設計と発展に乗り出すとともに、その過程でアメリカ経済の姿を作り変えていくこととなるのである。

第4章　東アジア型モデル

東アジア型開発モデルはアメリカで発明されたものだ、と発言するのは決してまちがってはいない。そう考える根拠は、「開発主義国家 development state」という概念自体にある。『フィナンシャル・タイムズ』紙コラムニストのマーティン・ウルフは、「その考え方を発明したのはアメリカとハミルトンだった」[1]と述べた。ハミルトンが編み出した開発モデルが、19世紀後半にビスマルク政権下のドイツで実行され、日本によって東アジアに移植され、韓国に採用され、その後――大幅な変更と、世界を書き換えるほどのスケールをともなって――中国に取り入れられるという経緯で、歴史上類を見ないほどの急成長と、社会を大きく変える発展を生み出してきた[2]。

同時に、副産物として、アメリカ経済の姿をも書き換えてきた。

「開発主義国家」の政府は、標準的な市場理論や教科書にあるような、競争市場のルールを執行し、その結果を受け入れるだけのレフェリー役ではない。むしろ政府が選手としてゲームに参加するのだ。積極的に産業開発を組織し、実現し、指揮を執る。ビジネスの、特に大企業や企業群のパートナーにもなる。すべて国有または国営化するわけではないが、場合によってはそれもおこなう。市場を法で縛ったり奪ったりするのではなく、むしろ政府が市場の力を利用する。

国によって大きく差はあるが、こうした開発モデルの目標はどれも同じだった。発明ではなくキャッチアップで国家の未来を作っていこうというのだ。長期的に利益を生む産業に投資を差し向けていくことを狙っていた。現状のアダム・スミス流自由市場の価格で最大かつ即座の利益を出している産業ではなく、経済開発という観点から今後の価値が高いと見られる産業に、リソースを配分していくのである。そのために市場を利用することによって、アイスホッケーのパックが今ある場所にビジネスを向かわせるのではなく、パックが行く場所へ先回りで滑っていくインセンティブを、ビジネスに与えるという発想だ〔アイスホッケー選手ウェイン・グレツキーの言葉〕。

もう少し専門的な用語で言うならば、国家の競争優位の構造を徐々に変革し、低賃金で付加価値が低い軽工業製品（安い衣類、玩具、鞄）の生産者——もしくは、それよりなお悪い小規模農業——から、先進国となったことを示す先進的な製品（鉄、船、工業用機械、自動車、電化製品）の生産者へと脱却していくのが狙いなのである。知識が水平にも前後にも連結していくスピルオーバー効果（漏出・拡散効果）で、生産性が何倍にも高まっていくような、そんなエンジニアリング・コミュニティと技術プラクティスを育てていこうとするのである。(3)

そうした政策が失敗することはないのか、と問われるならば、答えは「失敗することはある」だ。そうした政策を追求したせいで無残な経済的悲劇をもたらす可能性はないのか、と問われるならば、答えは「多くの場合でそうなってきた」である。開発経済学者ラント・プリチェットは「反開発の国家によって展開される国家主導の開発よりタチの悪いものはない」と言った。(4) 政治的権力集団に独占レントを生み出す政策を正当化するために、国家主導の開発モデルによる経済成長の成功例にすがったことのない国など、ないと言ってもいい。(5) むしろ経済成長をめざす政策方針の運用に成功すること自体、世界を見渡してもあまり例がないのだ。だが、１９１４年以前のドイツはそれをやってのけたし、その後に日本が、そして東アジア環太平洋地域がノウハウを手に入れ、さらには１９８０年以降の中国が同じ路線に乗った。そうした政策の設計と実行を成功させるために必要なのは、国内の超富裕層や組織化した労使協調主義の利益集団からの要求をがっちりと遮断でき、それらから相対的に自立した政府である。まさにハミルトン以降のアメリカが備えてきたものにほかならない。

未来へキャッチアップする国家vs.未来を発明する国家

まだ見ぬ産業の未来を生み出す腕がピカイチだった経済組織が、既知の未来にキャッチアップする腕にも長けているとは限らない。

イギリスでは王が国内の貴族、司祭、銀行家、そして少数の技術者を呼び集めて「それでは産業革命を起こそう」と言ったわけではなかった。産業革命は真に新しい企《ベンチャー》てだったので、アダム・スミス流の市場が構造としてぴったりだったのだ。自由に試行錯誤する余地がふんだんに与えられるなかで、巨大産業へと育つ新しい技術の数々が発明されただけでなく、産業開発という概念も編み出された。

だが、その「関係者を招集して「それでは産業革命を起こそう」と命じる」式の手法こそ、日本がとった手段だった。

アメリカ人の経済に対する考え方は、大半が、イギリスの先行事例にもとづいて形成されている。しかし世界の少なからぬ地域にとって、イギリスの例をそのまま踏襲するのは必ずしも最適なアプローチではない。そもそも後発国には経済空間をゼロから切り拓く必要がない。進むべき方向は見えているからだ。裕福な近隣諸国の経済構造を観察して、どんな組織形態なら先進技術を一番うまく活用できるか、見当をつけられる立場にある。それをもっともきっぱりと言葉にした経済学者はカール・マルクスだ。「産業がより発展している国は、発展途上の国家に対し、その国の未来のイメージを見せる」[6]。

別の時代に別の国で発明された技術、業務慣習、製品、ノウハウで構成される経済的未来にキャッチアップするために、脇目もふらず邁進しようというのが、後発国の開発戦略なのである。裕福な外国が先に見極めてくれた技術運用方法と専門技能で実現する発展の軌跡を、後発国ははっきりと目視しながら、たどっていけばいいというわけだ。

いや、ひょっとしたら東アジアの国家主導型開発モデルも、そのバリエーションのなかのいくつかは、むしろきわめて高いイノベーションの能力をもっている可能性も否定できない。アメリカでも第二次世界大戦中、そして戦後長期にわたって、政府が発明とイノベーションを導く中心的役割を果たしてきた。経済成長を促し管理できるよう適切に経済を設計する方法を特定するのは、実に複雑で厄介な問題である。しかし突き詰めて言えば経済成長のカギは「アイデア」であり、アイデアは「非競合的」で「非排除的」であり、そして経済学者が主張するアダム・スミス流競争市場の最適性はコモディティの「競合性」と「排除性」を根拠にしているのだから、自由放任の経済政策は必ずしも最適なアプローチではないことはほぼ明らかだ[7]。

東アジアのイノベーションの能力については、まだ結論は出ていない。だが、そのキャッチアップ型開発モデルについては、ひとつたしかな見解がある。これがおどろくほどに功を奏しているという点だ。

東アジア型モデルは、スターリン主義的モデルとはいっさい共通点がない。後者においては、経済がイデオロギーとして自給自足主義《アウタルキー》を守っており、壁を設けて国際市場と国際価格を（現実問題としては価格というもの自体を）寄せつけず、官僚組織が一つの巨大なコングロマリットとして経済を動かしていた。

一方、東アジア各国の政府はハミルトン流のアメリカと同じく、そして帝国ドイツと同じく、実利にのっとって、きわめて安価な資本を、開発と輸出の推進役として選んだ産業に注いでいった。そうした産業が外国技術を入手できるよう、特にその入手が容易でない場合や、技術が外国から提供されてもいない場合には、政府が力添えをした。外国の競争からの保護も提供した。基本的には国有や国営はしないが、中国は例外だ。中国はむしろ完全国有が最初の条件だった。その国有企業が成長し、自由市場経済に移行し、一部を民営化していくという変化によって、行政府の共産党幹部《ノーメンクラツーラ》とその子どもが今では経営者と起業家という市場経済のブルジョワ層に変容しつつある。

東アジア型モデルは、パフォーマンスとイノベーションを促す道具としての競争や国際市場を排除はしない。必要なときにはささやかな手助けを入れつつ、熾烈な国際市場の競争に勝ち抜く水準を企業が達成することを重視する。これは自給自足主義とは言わない。

一方で、東アジアの開発主義国家は熱心な（とりつかれたような）通商国家であるものの、オープンな自由市場経済ではない。製品の輸入、投資、企業経営は慎重にコントロールされていたし、そのコントロール方法も、関税、数量割り当て、ライセンスのような、国境をまたぐときに行使される公的手段に限らなかった。為替レートも操作された。自国通貨安は産業開発を促すパワフルなてこになる。ただし、輸入の割合が比較的小さく、かつ輸出需要の弾力性が有利に働くことで、反対の交易条件効果が小さく抑えられている場合、さらには自国通貨安によって外国の競争から間接的に守られて、そもそも輸出もできないような生産性の低い企業が淘汰されていく場合、という条件のもとではあるのだが。

非関税障壁が果たした役割は大きかった。第一の特定産業を保護し、振興し、組織化して、次にまた別の産業でそれを繰り返すという事例の数々を鑑みると、主要なマクロ的総計による鳥瞰的な見方では出来事の大半を見逃すことは明らかだ。このような見方は、東アジア各国の具体的な貿易パターン――欧米諸国の自由主義的経済のそれとは天と地ほどにもちがう――と、そうした国々が世界にもたらす影響、特に東アジアにとって長らく輸出のターゲット市場であったアメリカにもたらしている具体的な影響をとらえられていない。

経済学という舞台の悲劇と喜劇

古代ギリシャのソポクレスとエウリピデス、16世紀イギリスのシェイクスピア、それから17世紀フランスのラシーヌのような悲劇作家の作品を教えるのは、古代アテネのアリストパネス、古代ローマのテレンティウス、18世紀イギリスのシェリダンが書いた喜劇を教えるより簡単だし、教材としても使われやすい。なぜだろう。理由は、悲劇で扱われる数少ない核心的真実――高慢、欲、バランスを欠いた情熱、支配など――が、あらゆる状況、あらゆる場所、あらゆる時代にあてはまるからだ。時代設定が古代ギリシャでも、エリザベス朝のイギリスでも、現代のロサンゼルスでも、衣装が燕尾服と山高帽でも、黒いTシャツと青いジーンズでも、この芝居は違和感なく上演できる。細部のちがいはほとんど気にならない。

一方、喜劇のほうは、状況、特殊な事情、サプライズ、どんでん返しなどの文脈がすべてだ。だから現代の学生たちは、彼らの親や祖父母がそうだったように、喜劇の古典作品にはお手上げとなってしまう。

東アジア型開発モデルは悲劇と喜劇の要素を備えている。悲劇を構成する普遍的要素と同じく、少数でも強い影響力を発揮するのは、マクロ経済的な特徴だ。具体的には貯蓄と投資の対GDP比が高く、それが維持される点である（しかし、もちろん絶対額は大きく伸びる）。貯蓄する本人が貯蓄によって得る見返りを握りつぶす、つまりは抑圧して――隠れた税金というわけだ――その貯蓄にアクセスできる企業に回す。すると投資と輸出が経済の成長を促す。投資は毎年のＧＤＰ成長率よりも速く伸び、生産量が消費を上回る。すると輸出超過となる。通貨安が一因となって輸出超過は継続する。これは輸出品を買う外国人への補助金付与でもある。規模の経済と学習効果による人的資本と組織的資本の改善が、いずれ隠れたコストを相殺して上回ると期待して、外国人を支える形をとるのである。実際、通貨安によって、国内企業が必要としている先進国の資本財と先進国の技術が入手不可能にならない限り、通貨の過小評価と製造業の輸出志向こそが、第二次世界大戦以降の産業開発を牽引するとともに、国内の供給とバリューチェーンの全般にわたって、スキル、製品製造能力、物流、マーケティング能力の向上を促してきた。

つまり東アジアの急速な開発モデルは、ほかの国（特にアメリカ）が、東アジアとは異なる経済モデルで運営されることを前提にしたものなのだ。他国が東アジアからの輸出を吸収し、貿易赤字に陥り、東アジアの標的となった主要産業の縮小と、場合によっては消滅まで甘受するというわけである。アメリカ側から見れば、これは莫大な債務が積み上がることを意味する。さいわい債務はドル建てなので、何らかの形でアメリカの金融システムに還流する。つまり、アメリカの金融機関がかなりの程度で仲介する、うまみのある大きな金融フローが生まれるわけだ。東アジア側から見れば、ドルが際限なく累積していくのだから、いずれかのタイミングで自国通貨に対して切り下げがおこなわれる高いリスクを抱えていることを意味する。また、負債によってファイナンスされる投資の増加と、伸び悩む消費とのあいだで、構造的不均衡も深刻化する。しかしマクロ経済学的レベルですべてがうまく働くならば、その構造的不均衡のもとで生産性、高度化、富、所得のレベルも高まり続け、不均衡が解消されたときには、経済は以前よりもずっと前進していることになる。

こうしたマクロ経済的要因はかなり説得的だ。(8) だが、国によってちがいがありながらも、主要な輸出市場の経済にもたらすインパクトという面で、東アジア型開発モデルがこれほど成功し、これほど特別なものとなった理由は、こうした基本要因――抑圧した金利での高い貯蓄率、高い投資率、低い消費、抑圧した為替レートと輸出超過――とは別のところにある。また、マクロ経済的要因は、東アジア各国における主要輸出産業の独特な貿易パターンにも、その貿易相手国に与えるインパクトのちがいにも、光を当てていない。

ここで喜劇の登場だ――ミクロ経済学と呼んでもいいが、おそらく「制度」経済学と言うほうが正しいだろう。文脈、政策、制度に焦点をあてて考察を進めてみたい。そのアプローチがどこよりも明確にあてはまるのが、東アジア型モデルのパイオニア、日本である。

日本

アジア型開発モデルを、多くの意味で近代的な形で最初に力強く成功させたのが、日本だった。朝鮮戦争特需で日本経済が1941年12月7日時点と同じ強さを取り戻し、ドイツとフランスも戦前の景気を回復していた1955年以降の35年間に、日本はそれ以降の20年間を支える世界最速の急成長を遂げている。度肝を抜かれるほどの成長ぶりだ。1960年から1973年までは年間成長率平均10パーセントを維持し、経済は短期間で4倍に成長した。国民1人当たりのGDPは、1960年にはアメリカ国民1人当たりのGDPの25パーセントだったが、1973年には57パーセントに上昇した。そして1973年から1990年――この間にオイルショックがあり、レーガンが円に対してドルを50パーセント切り下げ、さらにはアメリカが（輸出自主規制という形で）日本車の輸入割り当てを変更したにもかかわらず――GDPは平均4・4パ

ーセントで伸び、経済が2倍に成長するとともに、国民1人当たりのGDPもアメリカの78パーセントに上昇した。(9)

刑務所、国防、金融仲介、医療保険請求処理、弁護士業にともなう支出のちがいを除外して計算すると、今の日本の国民1人当たりの実質GDPは、アメリカのそれにぐっと近くなる。ただし当然ながら、人員過剰で値段が高すぎる日本の小売セクターと、コメやメロン農家などに与えられる保護を加味して、さらに調整する必要があるのだが。国と国との比較はなかなか現実的になりにくいものなのだ。

とはいえ、それまでの世界の歴史とくらべる限り、ある程度の規模をもった実体経済が維持した成長率としては、このときの日本がもっとも高かったことは事実だ。偉業である。この成功が韓国や台湾といった近隣諸国から注目されないわけがなかった。西洋の経済学者の多くとは異なり、韓国や台湾は日本の成功要因を慎重に研究し、それからまさに日本式のやり方で、奇跡のリバースエンジニアリングに乗り出している。

日本が韓国や中国とちがうのは、極度に貧しく教育も受けていない小規模農家が構成する産業化以前の状態で、戦後の高度経済成長期に突入したわけではなかったことだ。19世紀に、日本と通商しようと（つまり食い物にしようと）したアメリカのペリー代将が、「黒船」（日本人はそう呼んだ）に黒い大砲を載せて来航したことへの反応として、すでに政府主導の工業化を始めていたからだ。そして明治維新という政治革命で、被植民地化と被従属化の脅しに対抗する力をつけた。実際、植民地化という悲惨な運命を免れた東アジア国家は日本だけだ（そしてすぐに日本は、非情にも、その悲惨な運命を別の国の人々に押しつけていった）。日本は独自に大砲や銃の生産を始め、「富国強兵」に取り組んだ。(10) えりすぐりの優秀な人材をヨーロッパやアメリカに送り、新しい工業スキル、技術、手法、発想方法を学ばせ、日本に持ち帰らせた。1941年末には、すでにその効果が明らかになっていた。

第二次世界大戦が終わると、日本の産業は根幹から崩壊し、生み出すよりも復興が急務となった。そこでアメリカは、冷戦が始まり、中国が共産主義体制に落ちていくなかで、有望な不沈の民主主義同盟国として、そしてアメリカにとっての拠点として、また鉄のカーテンの外ならば生活がどれほどすてきなものになるか証明するサンプルとして、日本を東アジアに対するアメリカ経済政策の中核に置いた。アメリカは日本の産業政策の中身を問いただすことはしなかった。当初、1950年代から1960年代は、無敵のアメリカ経済にとって特に不都合はなかったからだ。のちに日本の輸出がアメリカ産業の中核を侵食し、破綻させ始めたときにも、ピッツバーグから、デトロイトから、さらにはシリコンバレーから聞かれる「反則だ」という嘆きや叫びに、アメリカ政府は取り合わなかった。

なぜアメリカは、当時はもっていた圧倒的な筋力をふるって、日本の市場をアメリカに対して開かせ、自国市場を守ろうとしなかったのか。第二次世界大戦前のアメリカ経済は、政治的権力をもった国内の利益集団を守ることにかけては、抜群の腕前だったではないか。

その答えは、主に冷思想と言われる考え方にあった。

過去と現在の問題を抱えた東アジア地域のなかで、日本をゆたかにして政治的に安定させ、アメリカと緊密な絆を結ばせておく必要があった。この発想の背後にあったのは、世界恐慌の名残で、アメリカ全般が自由貿易に固執していたことだ。世界貿易の遮断が経済低迷の主たる原因だったと考え、それを避けるべきだと見ていた。そして、それ以上に、自由な貿易は善だった——何しろアメリカは圧倒的に優勢で、軍や政治だけでなく経済でも、ゆるぎないスーパーパワーになっていたのだし、開かれた貿易は繁栄と民主主義につながるのだし、そもそも自由貿易自体が善なのだ、というわけだ。さらにおそらくは、レーガンと彼のあとに続いた大統領たちの視点から見て、のちにラストベルトと呼ばれた地域の、組合が強く民主党支持派の製造業は、アメリカの未来を担う高付加価値産業のなかに入っていなかった。高付加価値産業として考えられていたのは金融産業だ。ゆえに、ようやく日本市場をアメリカ企業に対して開かせたときも、対象は金融セクターに集中していた。

日本の高度経済成長のミクロ的構造には、少なくとも、次に挙げる四つの制度がかかわっていた。

●保護貿易主義。これが税関においてだけでなく、非関税障壁および社会的障壁の複雑なネットワークを通じて行使された。
●系列システムという、複雑に結びついた企業支配と産業間優遇関係。
●きわめて有能で、政治的圧力から隔離された、産業政策を動かす官僚制度。
●金融抑圧。高い貯蓄率と低い貯蓄見返りによって、きわめて安い費用で調達された資本を、特定産業に供給した。

その他にも挙げるとすれば、たとえば教育とスキルも日本の高度経済成長に寄与した要素である。それから低い犯罪率、複雑な組立作業のイノベーション、少ない軍事支出、きちょうめんさと集団的責任感を重要視する文化、弁護士のいない環境、極端な社会的均一性。すべてが影響をもたらしていたが、それぞれの影響の度合いはどうだったか、それがわかるくらいなら、喜劇だって教えられるにちがいない。

１９５５年から１９９０年あたりの高度経済成長期に、この制度モデルはぴったりと適合していた。そして立場は大きく変わり、日本はまぎれもない富裕国となった。世界でももっとも進んだ経済圏にキャッチアップした。円の交換価値は否応なく倍になった。すると資産価値は崩壊し、そのままとなった。出生率も激減し、増える気配がなく、人口は高齢化と縮小を始めた。経済は開かれ、構造的制度は多くが撤廃された。その後は急成長どころか、いかなる名目成長もがっかりするほど見られなくなった。なぜこんな展開になったのか。その理由がわかるなどと本書が言うつもりはない[11]。

経済学者が保護貿易に反対するのは、生産者が特に生産的なことをしたわけではないのにうるおうのに対し、消費者が物価上昇で痛手を負うことになるからだ。保護貿易の産業生態系においては、「欲しいものを政府から勝ちとるのは得意だが、目の前の業務を効率的に運営し技術を向上していくのは苦手」という企業が生まれてしまう。しかし日本の消費水準が急成長し、保護貿易から長年の恩恵を受けた主要企業が国際市場で世界レベルのパフォーマンスを示すようになった点を考えると、保護貿易は日本では、その理屈のとおりには展開しなかったことがわかる。

日本の保護貿易には、たしかに典型的と言える要素もあった。たとえば稲作の保護は、小規模農家の支持をとりつけ、彼らが選ぶ政治家を取り込むためにも、産業開発が支払わなければならない必要経費と見られた。それでも証拠を見る限り、全体として、日本の保護貿易は実に賢かったのだ。金融抑圧をともなう保護貿易は、どんな場合でも、生産者を利するために消費者利益を犠牲にせざるを得ない。ところが生産者にとっての生産性上昇が充分にあったために、消費者利益の体系的な最大化は（ときには癪に障るほどに）図られなかったにもかかわらず、保護貿易主義は吉と出ていた。ほぼあらゆるものに過払いをしながら、彼らは裕福になっていった。

経済学者は具体例を挙げることを好まない。それは単なる逸話に過ぎない、と彼らは言う。経済学者が好むのはデータだ。だが、日本経済の目を見張るようなパフォーマンスを理解しようとするならば、自動車の例は、単なる逸話とは言えない。１９６０年の日本車は、フォードやフォルクスワーゲンといった外国ブランドとくらべて、痛ましいほどに劣っていた。それなのに日本ではまったく輸入車が走っていなかった。10年経ってもその数はゼロだった。さらに10年後も、まだゼロだ。戦後40年にわたり、輸入車が日本市場の１パーセントより多く占めることはなかった。

北大西洋国家の貿易はほとんど産業内貿易だった。自動車の主要輸出国が、同時に主要な自動車輸入国でもあったのだ。鉄と機械も同じである。ドイツ、フランス、そしてアメリカの輸出産業トップ10は、その大半が、輸入産業のランキング上位にも入っていた。ただしアメリカの軍用機産業、フランスのワインと小麦の産業は、明らかに例外だったのだが。

その点で日本はちがった――大きく手法を異にしていた。産業内貿易ではなかったし、日本の輸出産業トップ10のいずれかが、日本が大量に輸入する産業になってはいなかった。[12] 産業内貿易は破壊的ではないのだが、日本のやり方が異なるという点が貿易の性質を変化させ、日本の貿易相手国にとっては負け試合になったのだ。産業は地理的なまとまりを作りやすいので、結果的に、アメリカでは製造業の衰退によって荒廃したラストベルトと呼ばれる街が突然に登場することとなった。最初は鉄鋼業で栄えた街が、次に機械工業の街が、そして自動車で栄えた都市がラストベルトになった。

日本は外国製品のみならず外国企業をも寄せつけなかった。北大西洋の国々にとっては、北大西洋内での国際貿易が破綻するのを抑えるためには、海外直接投資が重要なカギだった。[13] ユニリーバ、プロクター・アンド・ギャンブル、フィリップス、フォード、フィアット、グッドイヤー、ネスレ、ジレットといった企業は先進国の市場すべてにおいて大々的な生産活動を展開していた。しかし日本は例外だ。日本では１９８８年になってようやく、外国企業が工業生産高の約１パーセントを占めるようになった。同時期のフランスではほぼ30パーセント、ドイツでは25パーセント、アメリカでは約12パーセントだ。[14] こうして海外製品の輸入から守られ、外国企業に日本国内で生産活動をさせなかった日本企業たち――トヨタ、カワサキ、コマツ、キヤノンなど――が、またたくまに世界に通用するレベルになり、諸外国を制覇するようになった。

トップを走っていた企業の大半は系列だ。系列というのは、産業グループ化と株式持ち合いの制度的形式の一つで、アメリカやヨーロッパに同等もしくは近似した形式は存在していなかった。企業系列は巨大で、あらゆる範囲に手を広げていた。たとえば三菱系列は銀行、保険、不動産、輸出入（総合商社として）、ビール、家電、石油、機械、化学薬品、医薬品、ガラス、プラスチック、デパート、紙、鉄、海運、自動車、重工業など、数多くの産業で大きな位置を占めていた。グループ全体の売上高は、繁栄している中規模国家のGDPにも等しいほどだった。住友と三井もそれぞれ同様の系列だ。1980年代なかばには、6大系列が中間財全体の5分の3を購入していた。[15] 系列内企業には積極的に資本供給と優遇がおこなわれ、伸びた生産力で日本製品が購入されることで、いっそう内輪の保護主義を強化した。

こうした産業政策を上首尾に運営していくためには、きわめて有能な官僚制度が必要だが、日本にはそれも整っていた。アメリカ人にとってお役所仕事と言えば、げんなりする緑のペンキで塗られた壁と、長ったらしい行列と、退屈でかわりばえのしない仕事をする場所を意味している。アメリカ人が政府に対する見方をどう教えられてきたか、多くを物語るイメージだ。その点で日本の官僚のイメージはちがっていた。運転免許更新係や郵便配達員ではなく、産業政策を動かす立場なのだ。日本の経済官僚機構のエリートレベルには一流大学をトップで卒業した者が集まった。官僚こそが最高の頭脳の集まりであり、採用は正当な実力主義で、汚職はめったになく、給料は適正だった。

実力主義の選抜には自由裁量の権限がともなった。高級官僚は自分が監督する産業についてほぼすべてを把握し、広範囲の補助や監督権限は必ずしも法的に平等でなくてもかまわなかった。だが、民間との対立が基本原則ではなかった。産業政策の核にあったのは、三菱や住友にとってよいことは日本にとってよいことである、という信念だ。国家たるものは三菱や住友が好ましい方向で発展するよう導き、力を貸して実現させ、加速させてやるのが務めなのだ、という考えである。正式で特定的な法律、規制、目標値は最低限にとどめ、厳しい縛りを設けなかった。フランスのシステム、もしくはペンタゴンのシステムと同じく、日本の高級官僚が引退するときには、面倒を見ていた企業で、きわめて高待遇の天下り先が用意された。産業を統括する官僚は、かつての上司とも付き合い、その上司の口利きでキャリアが決まるのだった。これが意思の疎通や協力関係をスムーズにしていた。

全般的に、政治家は産業の中核にかかわる政策に関与しなかった。彼らの担当は別にあった。レントシーキング型の政治論理が支配する農業、卸売・小売取引業、建設業だ。こうした産業は国際的な競争と対峙する必要がなく、輸出志向の製造業よりも雇用人数が多かった。政治家がこちらを担当するので、産業政策をあずかるテクノクラート官僚たちはこれらのセクターには手を出さなかった。これらのセクターが日本経済に強いていたコストは膨大で、規模の小さい小売業が守られる一方、消費者に転嫁されるコストは大きかった。しかし雇用率は高かった。人々の活動と交流はもっぱら隣近所にとどまっていた——これこそ日本を日本らしからしめていたものだ。移民はいなかった（今もいない）。保護貿易主義のおかげで、コメの値段は世界価格の8倍ほども高かった。小規模な稲作農家でも充分に生き延びていけた。田植えの時期には1日10時間も腰を曲げ続ける労働で暮らしを（さほどよい暮らしではないが）立てていくために、農民たちは、何かと高くつく保護貿易に賛成票を入れた。日本は、裕福な先進工業国にしてはばかばかしいほど多額の農業補助金をつぎこんでいたのだが、当時も今も、それは日本に限ったことではなかった。

高度経済成長期の日本は、設備投資のGDP比に匹敵する、異常に高い貯蓄率を維持していた。平均して対GDP比30パーセント以上だ。[16] 指定機関、具体的には長きにわたって世界最大の小型金庫の役割を果たし続けた郵便貯金制度が、資本を一般的な公共事業に流しながらも、それ以上に、政治家の無意味なインフラ事業にも流していた（多くの国では特別な金融機関がすることだ）。住宅購入に関しては、例外的な租税補助金も、アメリカにあったような優遇措置もなかった。国民の貯蓄から生じるカネの流れは、住宅ではなく産業に回すのが狙いだったのだ。貯金することで得られる利子はかなり低かったが、それでも貯蓄意欲がそがれることはなかった。老後のために貯金をする必要があったからだ。家を買うために、多額の頭金を貯める必要があったからだ。預金者に支払われる金利が高くなれば貯蓄率が高くなると想定する理由はない。その逆になることも多いのだ。金利が低ければ低いほど、人は特定の目的のために懸命に貯めようとする。海外で貯金して高い金利を狙うという手もあるが、それも巧みに阻まれていた。外資系の金融機関は、高度経済成長期が終わってだいぶ経つまで、日本での営業を当然のごとく許可されなかった。

経済学者ポール・クルーグマンが１９８７年の時点で、こう書いている。「「新貿易理論」の発展以降、自由貿易こそ最善の経済政策であるという主張は、もはや取り返しのつかないほどに、純粋さを失った。最善ではなく、単に筋の通った経験則という程度にシフトした。自由貿易はよい政策だ、政治の現実において意味のある目標だと示す事例は今もあるにはあるが、経済理論が示す政策はつねに正しいと断じることは二度とできなくなった。[17] ……」。

クルーグマンの見解では、自由貿易が今もよい政策であり、政治の現実において意味のある目標とされる理由は、四つある。

●よく機能する国際指向型の産業政策、つまり、利益を増している特定分野でのレントのシェアを増やす政策、もしくは学習効果とスピルオーバー効果でシェアを増やす政策を考案しようとすれば、報復と貿易戦争を引き起こし、結局は限定的な管理貿易という、非常に悪い均衡となる。

●未来の産業を見抜く、つまり、将来どの産業が大きなレントを約束するか、高いスピルオーバー効果をもたらすかを予測するのは、情報に対する標準的なハイエク流の考え方にもとづく限り、官僚の計算能力では不可能だ。

●利益集団はレントを得るために、産業政策のレトリックを使って政府にポジティブサムではなくネガティブサムの介入をさせることになりやすい。プラトンの『国家』で描かれたような、理想的なテクノクラートが守護者の役割を果たしているならば、開発型の産業政策を首尾よく実施できるだろう。しかし現代の統治者と官僚では無理だ。紀元前1世紀にキケロが親友に不満をもらしたように、私たちは「プラトンが作った共和国ではなく、ロムルスが作った下水道に住んでいる」[18]。

●産業政策が成功をもたらすものであったとしても、そこに、経済的権力と政治的狡猾さを備えた利益集団が生まれる。この利益集団は、自分たちの「賞味期限」がすぎても補助金が流れ込んでくるような政策を守ろうとする。だとすれば初めからビジネスには手を出さないほうがいい[19]。

しかし、海の向こうの貿易相手国が——冷戦思考が理由で、また、より自由な貿易の空気を世界に構築していく一歩として——報復することを望まず、報復によって破壊的な貿易戦争のリスクを冒す気はなかったとしたら、どうだろう？　そして、こちら側も新しい未来を生み出すつもりがなく、ただ東の大洋の向こうにいるスーパーパワーの現在にキャッチアップするつもりだとしたら？　さらに、自国の官僚たちが実際のところ、ロムルスが建てた帝国の下水道に巣喰う腐敗したレントシーカーではなく、プラトンの共和国の守護者に近いのだとしたら、どうだろう？　少なくとも日本が世界の経済的リーダーたる国々にキャッチアップし、彼らのもとでシステムが変わり始めるまでは、日本の官僚は後者の存在であったはずだ。

これらの点はぜひとも考慮に入れるべきポイントだ。たしかに目下の日本の成長は止まっている。経済史の研究者ならば理由を解説するだろうし、経済評論家ならば危機感をあおる警告を発するだろう。しかし、1950年における国家の最重要目標が、北大西洋の生活水準と生産性レベルにできるだけ早く、最大限に近づいていくことだったとするならば、日本が第二次世界大戦後の産業政策を通じて設計した経済は、まさにその目標を満たすためのものだったのだし、実際にその目標を満たしたという事実は、何ものにも打ち消すことはできない。

本来であれば、本章はここから韓国のおどろくべき成長と、台湾で開発主義国家の創出に成功した国民党の手柄と、香港とシンガポールという驚異的な二つの都市国家と、さらにはほかの発展途上国とくらべればめざましい成長だが東アジア環太平洋地域の開発主義国家とくらべればそれほど振るわないマレーシア、インドネシア、タイについて、さらに議論を展開していくべきだろう。だが、本書全体の構成に照らして、第4章がふさわしいボリュームを超えてしまう。それらの内容はすでに周知として踏まえることにして、次は中国にスポットライトを当てなければならない。

中国

中国は、システムを吹き飛ばすほどのスケールで、東アジア型モデルの限界に近づくどころか、おそらくは限界の先へ進もうとしている。開発主義国家モデルの第1の限界は外部にある。その国の輸出を吸収し、負債を積み上げ、さらには産業の「過去」を担った低付加価値産業（主にウォルマートやターゲットに並ぶ商品）や、「現在」を担う産業（鉄、船、クレーン、ポンプ、コンプレッサー、小型家電と大型家電）だけでなく、「未来」を担う最先端の産業と見られたもの（太陽光パネル、LED、ネットワーク機器、超高速鉄道）における製造業の縮小さえ甘受する他国のキャパシティがどこまであるか、それが開発主義国家モデルの限界を決めるのである。そして第2の限界は、国内にある。成長の原動力を、安上がりの債務で賄う投資と輸出から国内消費（特にサービス業）に切り替えるという、この綱渡りが成功するかどうか、という点だ。中国の新しい首脳陣は、中国がその限界に迫り再編する行動に出るつもりであると公言している。しかし、言うのと行動するのとはちがうし、行動するからといって実際にやりとげることになるとは限らない。

中国は、基本的な東アジア型モデルのマクロ的手段に従う道を選んだ。つまり高貯蓄率を維持し、預金者にとっての利回りを抑圧しつつ、高い投資率、低い消費率、そして輸出超過を生み出すのだ。中国政府はこうしたマクロ的牽引役となる方策を、目を見張るほどの水準で維持してきた。この国の投資は対GDP比50パーセントに近づいている。[20] これは並はずれた水準だ。高度経済成長期の日本より3分の2も高い。貯蓄率の成長ペースも同様に伸びている。輸出も対GDP比30パーセントに近づいている。消費はGDP比わずか34パーセントにまで抑制されており、これは逆方向に並はずれている。

一方、経済成長モデルの喜劇的要素、すなわち制度やセクター固有の政策要素に関しては、中国と日本にはちがいがある。中国は、極貧の小作農が占める経済から、経済改革と急速発展という軌道に邁進し始めた。このシフトチェンジが始まった当初は、それまで見られた社会破壊、経済破壊の一例に過ぎないのではないかと考えられていた。無慈悲でほとんど常軌を逸した全体主義の「偉大なるリーダー」が、大躍進政策、四害駆除運動、スズメ駆除に起因するイナゴの大発生、大飢饉、それから文化大革命などを次々と引き起こしていたからだ。革命的な赤い猫だろうが、反革命的な白い猫だろうが関係ない、猫の重要な資質はネズミをとらえるかどうかだ――と、ようやく実利的かつ筋の通った発言をして、中国を構造的経済改革の軌道に乗せることに成功したのは、鄧小平である〔実際には、鄧小平は「黄色の猫だろうが白い猫だろうが」と発言した〕。振り返ってみればこれは想像を超えるほど上首尾な転換だった。

経済改革をめざす鄧小平の進撃が始まった１９７０年代末以降、中国は世界を驚愕させる経済成長を実現している。

当初の改革は暫定的なものだった。仮に奏功しなかった場合でも、共産主義が統べる広大な中国の大半を汚染せずにすみやかにシャットダウンできる、区切られた領域で制御可能な実験としておこなわれた。どの程度まで改革を広げるのか、最終的にどこに到達するのか、全員一致のコンセンサスがあったわけではなかった。単に進むべき方向が選ばれていただけだった。ソ連ではなく、個人崇拝ではなく、急成長しているアジア環太平洋地域経済の成功に向かうのだ、と。これが全体として「中国式社会主義」と言われた。

改革は農業から始まった。１９７８年の中国では、労働人口の約4分の3が農業に従事していた。人民公社が解体されて、小規模農家は自分の土地を手に入れ、充分な保有権が保障されたので、灌漑、排水路、家畜育成、装備にすすんで投資できるようになった。小規模農家はそれまで通り、前年と同量の農作物を公定価格で政府に売らなければならなかったが、それを超えた量に関しては、市場価格で売ってもよいことになっていた。闇市場の腐敗を最初から約束するような、そんな二重価格構造を勧めるなど、経済学者ならほぼ考えられない。しかし、生産量が迅速に伸びていたおかげで、取り決められた割当も、二重価格構造がはらむ腐敗も、些末なことだった。

農業生産高は年率およそ5パーセントというスピードで成長し、１９９５年には2倍以上になった。一方で農業人口は4分の1減少し、53パーセントになった。[21] 毛沢東の悲惨な時代とくらべて3倍の収入を得るようになった小規模農家は、鄧小平と、彼の後を継いだ者たちに、草の根から絶大な信頼を寄せた。

スターリンの最大かつもっとも残忍な失敗は、彼が容赦ないやり方で農業集団化を強いたことだ。5カ年計画のもと、国家が農業生産高を（そして小規模農家を）コントロールし、農家から売上を（そして農家の息子たちを）取り上げて、ダムや道路や電気や工場の建設に投じていった。これにより農業セクターは何世代も遅れをとり、ソヴィエトの基準から見ても極端に低い生産性で、労働人口に対して過大な割合を占めていた。そのため、アメリカ中西部に匹敵する穀物輸出地域だったウクライナの経済は衰退してしまった。

同様に、毛沢東政権の強制的な農業集団化は、工業化を支える農業生産高向上および生産性向上を実現できなかった。鄧小平らは、そのモデルを逆転して成功に導いた。生産性の低い、往々にして生産性ゼロの農業に従事していた小規模農家を、機械を使った製造業へと移行させたのである。

しかし、こうした工場が生産するものを、いったい誰が買えるというのだろう。小規模農家にお金はない。国内の実質需要はきわめてゆっくり伸びていただけで、急速な産業成長を支えるにしては、あまりにも遅かった。この生産高を吸収できるのは輸出だけだ。輸出に力を入れるなら、生産高をますます増やし、学習効果を大きく享受して――真の発展に欠かせない要素だ――品質や精度を高め、外貨を獲得して、継続的な拡大と能力向上のために必要な機械を購入していける。それこそが、日本と韓国、シンガポール、そして忘れてはいけない台湾といった、東アジアで急成長した経済圏から中国が読みとった明らかな教訓だった。

だが、生産の方法と、ノウハウや技術や外国市場へのアクセスは、いったい誰から教わればいいのか。大胆で抜本的な改革が、その問題を解決した。これにおどろかない者はいないと思われる展開だ。共産主義の中国が、自国経済を外国企業に開いたのである。それどころか、むしろ熱心に招き入れた。外国企業は技術とノウハウと輸出市場へのアクセス、さらには資本をもたらす存在だったからだ。もちろんそのためには、外国企業をきつく鎖で縛りつけ、厳しく監督しながら、彼らが中国経済に貢献すべきものを貢献させる必要があった。

この大胆な展開は慎重かつ実験的に開始された。地理的な範囲を区切って、そこを特別な経済区域に設定し、制限下で外国投資を受け入れるのである。最初は香港のそばに経済特区を、次に台湾のそばに経済特区を設けた。その後、さらに北へ進んで日本の近くにも定めた。前例と同じく、状況が手に負えなくなる気配があれば、これらの経済特区を迅速にシャットダウンすることが可能だった。中国には外国人居留地（租界）の苦い記憶があったからだ。

当初のうち、中国生まれの中国企業にとっては、外の世界に向けてどんな衣類や玩具を作ればいいのか、見当をつけることもできなかった。それらを効率的に、しかも世界水準で生産する方法もわからない。自力でマーケティングと販売をしていく方法など言うにおよばず。そうしたことを教えたのは香港人だ。これはきわめて貴重だった。衣類、靴、玩具などを扱う香港企業が先導し、軽工業の組立や縫製をおこなう工場を立ち上げた。そこに中国が非常に安価な労働力と、労働統制管理の保証を供給した。「外国」人と言っても実際には広東語を喋り、漢民族の顔をし、一族の絆が強い香港人だったし、香港自体は脅威となる可能性をもった旧植民地大国ではなかった。それでも、中国が「外国」に向けて経済を開いたことの重大性は軽視できない。

米中貿易収支

米中の貿易不均衡は、アメリカでは政治色の濃いトピックだ。政治家やジャーナリストは、中国によって人為的に低く抑えられている人民元／ドルの為替レートについて、大幅な是正を要求している。２０１１年はアメリカの対中輸出が１２９０億ドル、対中輸入が４１１０億ドルだった。純赤字は２８２０億ドルで、２０００年代なかばのピーク時よりも大きく増えている。低迷した２０１１年のアメリカ経済において、中国との貿易収支が均衡すれば、アメリカの雇用が３００万人増えた計算になる。

しかし、二国間貿易に慣習的に適用される計算法は、きわめて誤解されやすい。たしかにアメリカは中国にとって最大の輸出市場だが、はるかに規模の小さい香港が2位となる程度の1位だ。さらに重要なのは、中国からアメリカに行くものはすべて中国の輸出と計算されるが、中国による付加価値は全体のおそらく半分ほどにすぎない[22]という点である。iＰｈｏｎｅの付加価値分析がもっとも有名だ。中国の工場に到着したときには１６９・41ドルだったiＰｈｏｎｅに、中国で付加される価値はわずか６・54ドルで、これがアップル・ストアで顧客およびＡＴ＆Ｔに５９９ドルで販売される[23]。中国は輸出する商品の付加価値を増やすことに努め続けている。

アメリカから中国への輸出も、付加価値という観点から見ると大きく変わってくる。典型的なアメリカの輸出品――ボーイング７７７型ジェット機――は、外国による付加価値がおよそ3分の1を占める。主要な「生産パートナー」は日本だ。旧型のボーイング７２７における外国の付加価値は約２パーセントだった。つまりアメリカも、輸出に対する国内の付加価値が変化している[24]。

経済協力開発機構（ＯＥＣＤ）と世界貿易機関（ＷＴＯ）は、付加価値による国際貿易の追跡を普及させようとしている[25]。この2機関の暫定的な計算によれば、通常の計算方法で見た米中二国間貿易に対して、中国とアメリカが付加価値をもたらしているのはほぼ半分だ。つまり、慣習的な貿易フローの計算では２８２０

億ドルの赤字となるが、付加価値貿易の計算では二国間貿易で生じる赤字は１４１０億ドルになる。半分というのはきれいすぎるかもしれないが、経済的にも政治的にも、大きな数字であることには変わりない。

「略奪的」投資

技術移転は、外国企業に対する中国の計画の中心だった。今もそうだ。過去10年間に中国がおこなった輸出の半分以上、おそらく3分の2近くは、中国が「外資企業」と呼ぶ企業から生じている。[26] そして、産業の高度化という梯子における中国企業の上昇は、圧倒的な部分が何らかの形で、外国企業によってもたらされたものだ。直近の、今のところ最大と言える例は、高速鉄道、太陽光パネル、ネットワーク機器である。日本が外国企業を締め出す決断で急成長を成功させたのに対し、中国はむしろ門戸を広げて外国企業を招き入れることで、外国企業の存在を、日本以上に効果的に自国の目的のために活用した。資本に関しては、結果的に中国はそれほど長きにわたって外国に頼る必要がなかった。国内貯蓄で調達できるようになったからだ。むしろますます必要になっていったのは、外国の技術とノウハウである。そこで中国で生産か販売を、もしくはその両方を試みる外国企業に対し、ごく近年まで、中国企業と手を組むことを義務づけていた。中国企業が外国企業のパートナーとなって、この国の市場や、銀行融資や、その他あらゆるものにアクセスするために必要な公的許諾やコネといった貴重なものを提供するのである。一方で、そのジョイントベンチャーに流れ込む技術とノウハウが、確実に中国人の手に入るよう取り計らうというわけだ。

移転された技術は、高度化の梯子をきわめて迅速に――外国人には想像もできないほど迅速にのぼっていった。シーメンスが建造した高速鉄道は、上海空港から市街地までという滑稽なほど短い距離を運行するものだったが、これは当然ながらデモンストレーションのための製品だ。その背後ではシーメンスに対し、世界最大の高速鉄道プログラムの大部分を任せるという約束があった。しかし中国にしてみれば、高速鉄道の主要な開発会社を招き入れるというのは、その技術を中国人の手に獲得する手段だ。実際、高速鉄道産業は驚異的なスピードで成功し、現在では中国が世界最大の生産者（そして購入者）となっている。[27] そもそも、ほかにはない技術をもって中国で展開している企業のなかに、自社の技術が「敬意《オマージュ》を表された」――平たく言えば、模倣された、盗用されたと思っていない会社など、1社でもあるだろうか。しかしそれを言うなら、アメリカ人の実業家フランシス・キャボット・ローウェルも、イギリスに行った際に英国製紡織機械の仕組みを死に物狂いでスケッチして憶え、帰国後は発明家ポール・ムーディらの力を借りながら、記憶を頼りに機械を再現した。1789年前のアンシャンレジーム下のフランスも、重要な技術の拝借にはやぶさかでなく、フランス人宣教師が中国の上質な磁器づくりの秘密をくすねてきたものだった。こうしたことは歴史上つねに繰り返されてきたのである。[28]

中国の投資支出は、対GDP比およそ50パーセントで、他国がいまだかつて維持どころか到達もしていない割合に達している。投資の創出と方向性の指示に大きな役割を果たしているのは地方政府だ。中国の地方政府は、アメリカやヨーロッパの地方自治体とは似ていない（中央政府もだが）。もちろん道路や上下水道、交通、警察と消防、学校といった基本サービスは提供する。しかし中国の地方自治体は、産業投資と生産の振興および舵取りについても中心的な役割を担うのだ。インフラ整備と公共事業のみならず、経済的発展における大きな、おそらく最大のプレイヤーとなっている。ただし彼らの取り組みはほとんど連携がとれていないのだが。

成長と雇用を促進するために、地方政府は銀行融資を手配またはバックアップする。貸付金の返済ができない場合、また売上や雇用の面から都合よく返済できない場合は、地方政府の助けのもと、再借り入れによって返済が延期される。新規の借り入れで現在の利息支払いをカバーできるほどだ。投資にともなって発生するコストもほぼゼロである。さらに地方政府は、発展が進む都会のはずれの土地を、市場価格を下回る極端に安い価格で買い上げて、極端に甘い条件で、選ばれた不動産開発会社や企業に供与する。土地収用価格と収益価値のあいだのスプレッドは、政府による資金供給の大きな財源になると同時に、選ばれた不動産開発会社と企業――そして役人とその家族――をうるおわせる道になる。中国の役人は家族もろとも、アメリカやヨーロッパの同じ立場の人々よりも、はるかに金持ちになるようだ。経済成長がこのメカニズムを維持している。

そのかわり、地方政府には実績が必要になる。売上と雇用だ。中国には強大な力をもった地方政府が多く、お互いに競い合って成長を促している。高官たちも競い合う。彼らは公式および非公式の実績指標に応じて昇進することになっており、その指標の上位には、経済および雇用の成長に対する貢献度が含まれている。毎年新たに都市居住者に加わる1000万人以上の人々と、年間10パーセントで成長するGDPを受け止められる都市開発が必要なのだから、過剰投資はそれほどの脅威と考えなくてもよいかもしれない。しかし次に引用する、おそらくは政府の承認を得た記事を読んでみてほしい。

2003年以降、北京は少なくとも3度、アルミニウム産業に対し政策通達を出している。自己利益を追求する地方政府によって生じた生産力過剰問題の是正を求める通達だ。10年が経つも状況は改善されず、少なくともまだ数年は悪化が続くものと見られる。(29)……

つまりこういうことだ。生産性がもっとも低く汚染排出がもっとも多いアルミニウム製錬所の閉鎖を試みている政府に対し、地方政府は10年にわたりあっぱれなほど抵抗を続けているのだ。そうした製錬所は地元の石炭を大量に使用する。世界最大の石炭採掘国家である中国は、およそ600万人の炭坑作業員を抱えている。第2位のアメリカはわずか8万人だ。そういうわけで製錬所はなくならない。中国のことわざ「山高皇帝遠」〔山ははるかに高く、皇帝がいる場所ははるかに遠い〕が多くを物語っている。中国の生産能力が世界のアルミニウム生産能力の50パーセントに近づき、価格破壊が引き起こされると、外国の石炭生産者は非難の声をあげながら生産を閉鎖していった。

一方、コンテナ船は、運用にあたって労働力をさほど必要としない巨大資本である。最新かつ最大の船ならば全長20フィート（6メートル）のコンテナを1万8000個も運べる。1990年代の大型船が運ぶのは5000個だった。2008年の金融危機前に注文された船が、今納品されているので、業界は生産能力過剰の状態だ。にもかかわらず、この世界的な生産能力過剰をものともせずに、中海集装箱運輸股份有限公司は巨大船舶を新たに5隻注文した。海運業者の雇用数は多くないが、造船業の雇用は大きい。資金調達は問題ではなかったらしい。真の資本コストに向き合う別の誰かが調整することになるのだろう(30)。

太陽光パネルは、バラク・オバマも、アンゲラ・メルケルも、シリコンバレーのベンチャーキャピタリストたちも言っていたとおり、未来の産業を象徴する存在だ。太陽光パネルの世界の生産量は、2004年からの5年間で50パーセント増えた。中国の生産量は400パーセント増だ。その生産量のゆうに90パーセント以上が輸出されていた。それ以降、2008年から2012年にかけて中国の生産量は1000パーセント上昇し、もっぱら輸出にあてられたため、太陽電池とモジュールの価格は75パーセントも急落した(31)。中国は世界市場の65パーセント以上を押さえ、アメリカとヨーロッパの生産者を続々と倒産に追いやった。アメリカの太陽光パネルメーカーはアメリカの国際貿易委員会（ITC）に提訴し、ITCは、増え続ける補助金を相殺する目的で、2・4―4・7パーセントの相殺関税を定めた。2日後にはEUが調査を始めたが、ヨーロッパの自動車および高級品の生産者、そしてもちろんエアバス社――いずれも中国市場に大きく依存している――が、貿易問題で中国政府を敵に回すのはやめるよう圧力をかけた。EUは調査を取り下げている。通信機器をめぐるファーウェイ（華為）とZTEについてのEUの調査も、きわめて近い展開となった。ドイツ政府の強い求めを受けて、EUはダンピング調査を取り下げた。[32]

太陽光発電の電池およびモジュールや、LED照明の生産は、労働集約性の高い生産工程ではない。技術と資本の集約性が高いのだ。今やそれが中国の仕事なのである。一方、屋根に太陽光発電設備を設置するのは技術と資本の集約性が低く、労働集約性が高い――そして外国の競争からは守られている。それが、アメリカの仕事となっているのである。

モデルの限界――不均衡

中国はすでに経済成長モデルの限界に達したのだろうか――日本が到達し、その後20年以上にわたる灰色の時代を迎えたように？　そうだと見る意見は少なくない。

マクロ経済学者の多くは、不均衡を強めつつあるGDPの要素に、点滅する危険信号――一部の学者は時限爆弾を――感じとっている。具体的には、極端に低い消費、高すぎる投資、安すぎる資金調達といった要素だ。それらの結果として、カネばかりかかる無意味なインフラ、非生産的な投資、生産能力過剰、不良債権隠し、そして過去のような成長率では伸びなくなった輸出といった要素が累積している。新しい首脳陣からも、中国の成長経路を「不均衡で持続不可能」と指摘する声が繰り返し聞かれている。[33]

中国は、世界経済危機と、それが中国の輸出に与えた打撃（貿易黒字は２００８年から２００９年のあいだで、およそ３割に相当する１０００億ドル以上も減少した）への対応として、２００８年に約７０００億ドルの景気刺激策を採用した。この金額はＧＤＰの13パーセントに相当し、もっぱら投資資金の調達に使われている。これが中国のＧＤＰ成長率を、沈滞する世界から大きく引き離した。２０１０年は10・４パーセント、２０１１年も９・３パーセントだ。国内の債務総額は２００８年の約１５０パーセントから、２０１４年末には約２５０パーセントにまで上昇した。

この債務レベルは、アメリカや日本とくらべればだいぶ少ない。倹約傾向を強めるのドイツでさえ約２００パーセントだ。中国の債務は対外借款によるものではない。それでも、これほどの比率で債務が長期にわたり伸びていくのは、ドル準備高の多い中国であっても不可能だ。債務残高の急激な伸びは（特に金融革命をともなう場合には――中国の金融セクターも近年できわめて革新的になった）、一般的には軽率な貸付や不良債権が急速に増えていくことを示す、ほぼ確実な兆候である。日本が１９９０年代に、アメリカが１９２９年と２００８年に、そしてスペインが２００８年に経験した、高レバレッジ投資ブームがもたらす無残な結末の例とくらべても、意地悪く見守りたくなるような類似点が多々見られる。

必要な対策は何なのか。たくさんのアナリストとコメンテーターらが、大雑把ながら、さまざまな主張を提示している。過剰な貸付増加を抑えよ、縁故と政治に影響されるルーズな融資提供をやめさせよ、消費を増やせ、社会的セーフティネットを拡張せよ、共産党とシステムの腐敗を取り除け、そして何より重要な点として、「小さな国家と大きな市場」に向けて、さらに躊躇なき移行を進めよ……。一部にとってはおどろくべきことに、これは中国の首脳陣が新たに唱えているお題目でもある。全体的にきわめて具体的だ。サービス業を増やし、セーフティネットを拡大し、汚染を削減し、重工業を縮小し、住宅建設とインフラ整備はスローダウンしていくというのだから、非常に筋が通っているし、具体的である。

2013年末、共産党全体会議に集まったリーダーたち——最高峰の首脳陣——は、大胆かつ遠大な改革政策として、こうした具体的目標を定めた。これらを本格的に進めるべき理由には事欠かないし、大きな政治的前進ではあるのだが、だからといって、中国が大規模に、かつ遅滞なく、これらの大きな改革実行に成功していくとは限らない。

厄介なマクロ的不均衡と進行する債務危機に直面したほかの国家とはちがって、中国が有利な点は、権力をもったリーダー陣が、問題と起こりうる結果をよく認識していることだ。賢く大胆な一次行動を起こせば、そこからどんな二次効果、三次効果が起きるか、そこまで視野に入れている。

政治が経済の急成長に大きく依存していることを自覚し、その経済成長は急速な投資成長に大きく依存し、さらにその急速な投資成長はリスクをともなう債務によって支えられているという場面で、信用の栓を一気に閉めてしまったら、バランスシート不況を引き起こす危険性がある。病気よりも治療薬のほうが害をもたらすというわけだ。

資本市場の自由化ほど、強力だがリスクが高い対策はない。往々にして荒っぽく無謀な展開になる。実際さまざまな国家において、資本移動の水門が開かれた結果、資本活用の効率性が好調に高まるよりも、むしろ不安定な過剰が生じた。それでも中国市場は、これまでより大きな自由と、対象範囲と、影響力をもつようになっている。投資が急激に減少し、急成長の軌道が一気に下降するようなことがあれば、たしかに大きな不安定化を招くだろう。不安定化——経済の不安定化、社会の不安定化、そして政治の不安定化——は、中国首脳陣が想定している二次効果のなかでも、何より大きな懸念対象だ。

無駄な投資という点では、どんなシステムにもそれなりの割合で無駄な投資が発生するものだが、それが顕著になるのは好況期だ。そして中国は30年にわたって超好況期にある。どうやら中国医学は外科手術よりも効果が高いらしい。

目標のなかでも比較的簡単に達成できるのは、戸口《フコウ》と呼ばれる戸籍登録制度の改革である。現在は都市に住んでいるものの、居住許可を得ていないために社会的保護や福祉を受けられず、低賃金で長時間労働をしている1億4000万人の移住労働者に、この戸口改革が影響をおよぼす。より公正で平等な社会への大きな一歩となるし、これが大きな後押しとなって消費のバランスが回復し、過熱している貯蓄率も低減されると考えられる。しかしそうなると、賃金費用は大きく上昇するだろう。中国都市部は、もはや人件費の安い中国ではないのだ。賃金はメキシコの10倍以上の成長率で上昇し、しかも人民元はメキシコペソに対して50パーセント以上も高い。現在では中国の賃金がメキシコよりも高くなった(34)。この大きな伸びは中国の輸出競争力にどう影響をもたらすか。労働人口を公式に管理するようになることのインパクトやリスクが、為替レートや資本市場の自由化とあいまって増大し、あらゆるものを混乱させることになるのではないか。

規制化も、地方政府の資金供給に大きな変化をもたらす。現在は地方政府が社会サービス――医療や教育――に必要な資金のほぼすべてを供給しているが、その地方政府の歳入の約40パーセントは、過熱化が進む不動産ブームの土地取引から来ている。マクロ的処方箋は単純でパワフルで、その焦点もレーザーのごとく明確だが、二次効果を考慮に入れると、熱狂はそがれる。美容整形手術のレーザーのほうが、政治経済のレーザーよりも信用性が高いくらいだ。「慎重」が基本方針になり、「徐々に」が次善の策になる。

問題は、当然ながら、野党の不賛同ではない。むしろ共産党内にしみついた利益集団や、投資主導型のブームが生み出してきたビジネス関連の利益集団から、抵抗があることだ。中国の所得分布は頂点のほうにひどく偏っている。全世帯の上位1パーセントが国家の富の3分の1を保有する一方で、底辺の3分の1の世帯が富の1パーセントをわけあっている。[35] さらには共産党幹部、政府高官、ビジネスリーダーの人間関係は複雑に絡み合っている。中国は一族の絆が強い社会なので、高級官僚の家族は大幅に裕福となる。首脳陣の一族が保有する目もくらむような財産額が先日明らかになったが、これは汚職の広い蔓延を示唆するものだ。中国は、提案された改革を阻むパワフルかつ根深い利益集団を生んでしまっている。

新しい首脳陣は、中央でしっかりと手綱を握ろうと試みているようだ。経済自由化は政治的反自由主義を意味しやすい。「大きな市場、小さな政府」に向かう動きが、少なくとも短期的には、よりパワフルな中央集権国家を生み出すことになりやすい。より中央集権的になった国家は、そのままでいようとするのではないか。

いずれは市場が経済に対して、より支配的な役割を果たすようになるだろう。一般化した生産能力過剰は軽減され、レバレッジも縮小していくだろう。より多くの中国人が正規雇用、社会的保護、義務教育のなかに組み込まれていくだろう。しかし、それがいつ、どのように実現するかは、まだわからない。ちょっとしたハードランディングという程度で済むのか、それとも地表に激突するような着地になるのか、あるいはそれ以上に大きな未知のものになるのかもわからない。10パーセント近いGDP成長率を続けてきた世代のあとで、政府が示した7パーセントの成長を維持していくのか。それとももう少し低く、6パーセントあたりか、もしくは5パーセントか。いや、もっと低くなるのか。もしかしたら年間4パーセント程度になるのかもしれない。だが、ハーヴァード大学ケネディスクールのリカルド・ハウスマン教授は「8パーセントの成長率から4パーセントの成長率へ向かう道のりは、マイナス2パーセントに到達することになりやすい」と指摘している。[36]

マクロ調整は何であれ大規模かつ不安定なものとなる可能性が高い。だが、ひとつ確かなことがある。未来の産業で国を成功させていこうとする——多種多様なレベルでの——中国の国家的取り組みは、今後もなくならないだろう。中国が統率なき自由市場のカーニバルに参加していくとは考えられない。中国政府は今後も戦略的な取り組みで、経済を成長させながら、その姿を作り変えていくだろう。それは同時にアメリカ経済も作り変えていくことを意味している。アメリカは、東アジア各国政府のこうした取り組みに対し、どう対応してきたのだろうか。

＊

誤解しないでいただきたい。金融はいいものだ。金融は必要なものだ。

ロー・ファイナンスは私たちの味方だ。明らかに効率がいい。金銀の詰まった箱と、目方を見る秤と、差し出された金銀の純度を調べる試薬と、それからもちろん金銀を守る武装した護衛（その護衛を見張る護衛も）を引き連れて買い物に行くよりも、紙幣、小切手、クレジットカード、電子マネーを使うほうがいいに決まっている。毎日、毎週、毎月、毎年の収支を無理やり合わせなくてもやっていけるように、一般家庭でもカネの貸し借りができるのはありがたい。会社が売掛金を担保に融資を受けられるのもうれしい限り。

そしてハイ・ファイナンスも、それが適した場面であれば、私たちの味方だ。

起業家が、ビジネスを成長させるための資金調達ができるのは、いいことだ。ハイ・ファイナンスのおかげで、彼らは起業と活動に伴う莫大なリスクを他人と一緒に背負うことができる。物言う投資家ならば、「能無しはお払い箱にするぞ」と脅すか、もしくはそれを実行に移すことで、頭の固い経営陣が最悪の結果を招くのを阻止することができる。個人投資家にとっては、ポートフォリオを多角化すれば、自分が投資した会社に何か問題が起きるというリスクが分散するので、夜もぐっすり眠れる。個人の貯蓄がプールされ、投資をしたい企業や、住宅を購入する個人に慎重に采配されていくという、ハイ・ファイナンスの基本機能もすばらしい。よいことずくめだ。

だが、こうした仕組みを動かすのに、現在のアメリカ金融セクターほどの規模が必要なのだろうか。そうは思えない。実際問題として、今のアメリカよりもずっと規模の小さい金融セクターで、これらのことはしっかり回っていた。1950年代と1960年代の「今よりも抑圧された金融システム」が――経済が負う費用がきわめて少なかったこともあいまって――実質経済成長を大きく妨害することはなかったし、むしろ大きな安全性をもたらしていたという見解に反論はできない、と『フィナンシャル・タイムズ』紙コラムニストのマーティン・ウルフに語ったのは、オキュパイ運動でドラムを叩いていた過激な連中ではない。連邦準備制度理事会の元議長、ベン・バーナンキだ。[1]

経済学者トマス・フィリポンの指摘によれば、1950年代のアメリカでは前述の仕組みがすべて回っていて、しかも、経済に対して金融セクターが占める割合は3・7パーセントだった。[2] 今日では経済の8・5パーセント以上を占め、さらにシェアを伸ばし続けている。金融セクターに属さない者にとっては、ここからどんな価値あるものが得られてきたというのだろう。

過去30年に金融の世界で生じたイノベーションで、唯一価値があると言えるのは、自分の見立てではATMくらいなものだ――と発言したのは、そのへんのヒッピーではなく、バーナンキと同じく連邦準備制度理事会の元議長、ポール・ヴォルカーだ。[3] さらに言うと、次に引用する発言の主は世の中を知らぬ左翼の誰かではなく、バンガード・グループ創業者でインデックスファンドの最大の運用者、そして今や上場投資信託（ETF）の最大の運用者でもあるジョン・ボーグルだ。

金融の仕事は企業に資本を提供することだ。新規株式公開と再売り出しを通じて、年間に2500億ドルもの額で、我々はその仕事をしている。それ以外では何をしているかというと、投資家を促して、年間およそ32兆ドルの取引をさせている。つまり私の計算では、金融業界でおこなわれていることの99パーセントは、仲介者しか儲からない取引の行き来というわけだ。リソースの無駄である。(4)

自由市場というのは、規制されない、またはごく軽度な規制しか受けないことを最善とみなすものだが、戦後と呼ばれる時代――第二次世界大戦が終わった1940年代後半から1970年代にかけて――のアメリカには、その定義を蹂躙するかのごとき金融システムが敷かれていた。融通の利かない複雑に入り組んだシステムだ。誰が何を所有してよいのか、誰が何をおこなってよいのか、ありとあらゆる規制がはりめぐらされていた。

しかしひとつ利点はあったらしい。それでたしかに金融が機能していたことだ。たとえば家計と企業に対し、流動性資産へのアクセスと貯蓄手段を与えることに成功していた。家計は住宅購入のため、購入した住居を維持していくため、長期的な借り入れを利用することができた。保険が整っていたおかげで、アメリカ人は夜も安眠できた。起業家は資本を調達し、事業のリスクを他人と分け合うことができた。個人投資家はポートフォリオを分散できた。不合理な費用をともなわず、金融危機も招かずに、こうしたことが実現していた。

だが、そこにはきわめて厳しい市場規制が介在している。たとえば、商業銀行が投資銀行全般と競争することを禁じていた。投資銀行が証券発行や企業合併という単純に見える取引でけたはずれの利益を集めていたことを鑑みて、商業銀行が政府保証のマネーを使って極端なリスクに飛び込むことを懸念したからだ。法的トラブルの危険性を回避するため、安全な範囲で資産運用をしようと思うなら、投資できる資産の種類は必然的に限られていた。(5) 銀行と貯蓄貸付組合は当座預金口座に利子をつけることが禁じられていたので、預金者に対する金銭的な価値提供ではなく、サービスと、勧誘用のトースターで競うしかなかった。貯蓄口座の金利にも上限があった。レバレッジも制限されていた。デラウェア州はこれを逆手にとって、業績がどれほど悪くても経営者が経営権や甘い報酬体系にしがみつけるデラウェア会社法を提供し、企業法務部を当地に呼び寄せた。いずれにせよ、経済学者や自由市場支持者の目から見る限り、明らかにアメリカの金融システムは政府の極端な規制と干渉に縛りつけられていた。

にもかかわらず、このときのアメリカ経済は現代よりも迅速かつ順調に成長していた。取引仲介や、ゼロサムにしかならない支払請求手続きが主流となっている現代の経済とくらべて、実質価値は比率として高かった。そして資本は流れていた。

今はちがう。アメリカの金融は変わってしまった。

なぜ、どうしてそうなったのか。この国の経済にとってどんな意味があったのだろうか。

アメリカ金融の成長

昔を振り返ってみれば、1950年代や1960年代、そして19世紀末に四半世紀ほど続いた金ぴか時代のアメリカの金融システムの費用とは、超富裕層の財産と、誰が何を所有して何をしているか追跡し価値の有無を見極める書類係の給料のことであり、これが年間に総金融資産のおそらく1・2パーセントに相当していた。(6) 現在の金融システムの費用は、年間に総金融資産の3パーセント近くに相当する。今も上がり続けていない確証はない。

一方で、アメリカの総金融資産のGDP比は、経済金融化の進行とともに過去よりも大きくなっている。1950年代の総金融資産額はGDPの2・5倍に相当していた。現在は3倍以上だ。また、1940年代から1980年代初期まで、金融セクターの報酬額はほかのセクターとそれほど変わらなかったが、2007年には4倍も多くなっていた。[7]（ポール・ヴォルカーが唯一認める金融イノベーション、すなわちATMの登場によって数が減った銀行窓口係や事務員の大勢にとって、給料アップの実感はない。給料が増えたのはトップだけだ）。

実体経済に対する資産で測った金融の規模は増大している。そして、金融資産1ドルあたりに発生する金融仲介費用も上昇している。この二つが要因となって、総所得に占める割合が4パーセント未満だったアメリカの金融セクターは、今や8パーセントを上回るようになった。一つのセクターのもつリソースと所得が、ペンタゴンのGDP比をほぼまるごと飲み込むほどの幅で上昇したというわけだ。

戦後の40年間、金融セクターが出す利益は、すべての株式会社が得る利益総額の10パーセントから15パーセントを占めていた。1986年にこの数字が16パーセントになると、その後は金融化の拡大と熾烈化が進むにつれ、上がり続けた。1990年代は20パーセントから30パーセントのあいだで推移している。2002年には40パーセントを超えた。[8]2007年にほぼ50パーセントに到達している。これをピークに数字は下がっているが、それでも2002年のレベルにも戻っていない。

まさに息を呑むようなデータだというのに――何しろ企業というもの全体が生み出す利益の約半分が金融仲介によるものなのだ――実はこれでさえ、金融セクターがどれほどの範囲に広がっているか、その本当の大きさを相当に過小評価している。たとえば金融機関には株式会社ではない組織（ベンチャーパートナーシップや、プライベート・エクイティの事業など）も多いが、先の数字にはこれが含まれていない。大手製造企業の完全子会社の金融業者も含まれていない。ジャック・ウェルチのGEを、もしくはフォードを思い浮かべてみてほしい（2002年と2003年には、フォード社の総利益はすべて子会社であるフォード・ファイナンスから生じていた）。ニューヨークやコネチカットで操業しつつも、法定住所はケイマン諸島のようなタックスヘイヴンに置いている金融関連企業の儲けも、前述の計算に入ってこない。金融とは切り離せないウォール街の大手法律事務所や会計事務所といった存在も、もちろん含まれていない。それらは専門サービスとして別途にカウントされているからだ。

金融セクターの主導で、莫大な所得がトップのあいだで再分配されている点をさておくとしても、その世界に属さないすべての者にとって、金融肥大化から得られてきたものは何かあるのだろうか。

1950年代や1960年代のような、商業と工業における急速な経済的発展という恩恵は、当然ながら得られていない。1880年代や1960年代ほどの急速な構造的経済改革も起きていない。多様な産業や企業に対し、もっとうまく資本が配分されるようになったのだとしても、それがどこでどのようにおこなわれているのかは明確ではない。金融の成長が、賢明な経営者を生み出してきたか、あるいは、大手企業に優れた経営者を選ぶシステムを生み出してきたか、それも肯定はしがたい。トマス・フィリポンは、次のように書いている。

高速で取引をおこなうコンピューターと、クレジット・デリバティブの存在があるにもかかわらず、現在の金融システムは、1910年の金融システムと比較して、貯蓄者から借り手へと資金を送る腕がそれほど伸びてはいないようだ。……1900年の金融業界も、2010年の金融業界とまったく同じように融資、債券、株式を提供していたし、明らかに今よりも安い費用でそれをおこなっていた。これは、控えめに言っても腑に落ちないことだ。今日の金融業界が、ジョン・ピアポント・モルガンの時代の金融業界よりも大幅に効率的になっていないなどということが、なぜありうるのだろうか。[9]

その問いに簡潔に答えよう。現在の金融セクターには、マネーを生む方法が7通りあるのだ。

1　準備中だが魅力的なリスクリターン特性を有した、有望な事業会社ベンチャーを見つけ、融資する。

2　事業会社ベンチャーに融資すればリスクリターンの面で得をすると見られるが、まだその会社と出会っていない投資家を見つけ、引き合わせる。

3　本来負わなくてもよいリスクをとるべきだと投資家を説得し、こちらが提示するリスクを引き受けさせる。

4　現時点で背負っているリスクは必ずしもあなたが背負うべきリスクではない、と投資家を説得し、そのリスクをこちらに渡させる。

5　途方もなく高速で処理をするコンピューターを買いそろえ、光ファイバー接続を整備し、距離によるわずかな遅延もないよう取引所のすぐそばに拠点を構えて、入って来る売買注文に対応する。1回ごとにわずかな儲けを得て、それを目にもとまらぬスピードで何度も何度も繰り返す。

6　管理手数料、売買手数料（膨大な回数で発生する）、みずからの資産拠出先のファンド管理手数料、顧客から預かった資産の拠出先である投資ファンドから支払われる手数料など、手数料獲得を念頭に置いた口座管理をおこなう。

7　他人が知らない情報を手に入れる、もしくは単純にツキに恵まれる。

3と4、さらに5の仕事が社会に恩恵をもたらしていると指摘する経済学者もいるだろう。自分が背負っている、もしくは自分が背負うべきリスクをろくすっぽ理解もしていない者が多く参加している金融市場では、ファンダメンタル・バリューから離れた価格が生まれてしまう。このような「ノイズ・トレーダー」のお金を、リスクとリターンを理解しているトレーダーに回して、彼らがそれを投資に使えば、資産価格が変化して、事業会社に対する優れたシグナルとなるとともに、個人的利益と社会的繁栄が一致しやすくもなる。しかし、それが社会を助けているとする主張は、金融屋が他人のまちがいに乗じるために――むしろ他人をまちがわせるために――投じている時間、エネルギー、さまざまな小細工の多さを説明していない。彼らは実際のところ、ノーベル賞経済学者ジョージ・アカロフとロバート・シラーが書名に掲げて論じたとおり、「愚か者を巧みに誘導するPhishing for Phools」と表現するのが一番的確なビジネスに従事しているのだ。[10]

フィリポンは次のように書いている。

金融世界の技術革新は、主に二次的な市場活動、すなわちトレードを増やすことに使われている。今の取引活動は、歴史上のいつとくらべても、何倍にも規模が大きい。取引費用は縮小しているが、流動性が増すことでより良い（つまり、より適切な情報を伴った）価格や、より大きな保険につながっているというエビデンスは見つからなかった。[11]

ハイ・ファイナンス拡大を求める衝動

トレードと、その他の散逸的活動の驚異的な増加は、インセンティブ、情報の非対称性、そして人間心理というものが、金融規制の撤廃によって新しい形で組み合わされるようになったことの副産物だ。それは政策の目的の一部だったわけではないし、政策の狙いそのものだったわけでもない。だが、長きにわたって取引活動を抑制してきた規制の枠組みを撤廃し、市場の統治に任せるというのが、政府の方針となっていたことは事実だ。そうなった理由としては、厳しく規制された——そこそこの利益は出るが面白味には欠ける——金融世界ではなく、もっと規制されない実験的な金融を政治がサポートすべきだという方向へ、世間の空気が変化していった点があった。この変化は、実に多数の要因によって引き起こされていた。

要因の一つは単純だ。証券取引委員会（ＳＥＣ）の設立前に起きた金融危機と、世界大恐慌のときに生じた銀行破綻の記憶が、薄れ始めていたからである。経済学者ハイマン・ミンスキーが書いた有名な主張のとおり、システムの安定を目的とした規制に成功している金融システムには、その規制を捨てさせてガンスリンガー・ファイナンス〔ハイリターン・ハイリスクな投機を試みること〕を生み出そうとする強い圧力が発生する。リスキーなことをやりたがる者は、システムの安定が保たれるぎりぎりまで押すことで、大きく儲けられると見るからだ[12]。こうして１９７０年代のアメリカでは、金融を再設計して「市場化」する必要があると考えられるようになった。

この流れを先導したのは右派や共和党だけではなかった。むしろ「よい政府」のイニシアチブという面が大きかった。民主党、共和党を問わず、政策を決定する立場にいた者たちが、新しいタイプの証券や金融ビジネスの手法の実験を熱心に支持したのである。何しろ、経済が堅調だった１９６０年代の投資活動の成果は悪くはないものの芳しくはなく、不景気になった１９７０年には鳴かず飛ばずになっていたとはいえ、アメリカで株式市場や不動産への投資を長期的におこなうだけの財力や才覚をもった人々は、１世紀以上にわたってそこそこうまくやってきていたからだ。財力や才覚が足りない者を投資に参加させないために立ちはだかっていた壁も、手続き上または管理上の壁であれ、金融リスクを警告して不安感をあおる心理的な壁であれ、もはや撤廃すべき時期だと考えられた。また、徐々に輸入製品が製造業を蝕んでいたアメリカにとって、金融が新たな成長セクターとして、さらには新たな輸出セクターとして見られるようになった。外国の工業製品輸入の道をゆるめてやるかわりに、アメリカの金融機関に対して市場を開くよう、貿易交渉に力を入れるようになった。

ビル・クリントン政権下の財務省は（そこで働いていた本書共著者のひとりも）、グラス＝スティーガル法を廃止して、財を蓄えた商業銀行および保険業者が投資銀行と競争できるようにすることに対し、比較的前向きだった。そうすることで、モルガン・スタンレーのような古参の投資銀行がけたはずれの利益を生み出せていた市場原理を打破しようというわけだ。その過程で巨大なメガバンクが生まれても、連邦準備制度には経済全体の支出を安定させておく手段が多々あるので、大きすぎてつぶせない銀行が破綻することはないというわけだった。

だが、世界恐慌の記憶が薄れ始めたことだけが、政府の規制を受けないハイファイナンス拡大を求める変化を引き起こしたわけではない。二つめの要因として、強烈なイデオロギーの高まりがあった。第40代大統領ロナルド・レーガンが言ったとおり、「私は政府の者です、あなたを助けるのが私たちの仕事です」という台詞こそ「もっとも恐ろしい言葉」だ、という信念が高まっていたのである。(13)

さらに三つめの要因は、直視するのは少々つらいことだが、元IMF主任エコノミストで現MIT教授のサイモン・ジョンソンが「からめとる capture」と呼んだ現象、すなわち一部のエリートが政策の策定と実行を掌握するようになっていた点だ。(14) 金融は政治家たちをからめとっていた――増え続けるマネーの力を通じて、それから、財務省などの重要な幹部ポジションに息のかかった人材を置くことによって。だが、この二つはあくまで二次的な作用だ。第1の作用は、効率的な市場と規制撤廃という、一度も試されたことのない理想論的な経済理論が、政策とイデオロギーの空間を占拠してしまったことである。ロバート・ルービン〔クリントン時代の財務長官〕のもと、当初は金融主導の経済が急速な繁栄を実現していたため、こうして金融の地位は揺るぎないものになった（金融セクターの金庫と食欲を旺盛に満たしながら）。

われわれ著者のうちひとりは、この考察をそれほど買っていない。もうひとりもこの考察を楽しんではいないが、それでも却下はできない。著者のひとりは、アレグザンダー・ハミルトン以来、金融利権はつねにワシントンの扉を開かせてきた点に着目している。もうひとりは、フランクリン・ルーズヴェルト大統領がジョセフ・P・ケネディをSEC長官に任命した人事――ケネディは金融業界で不正の限りを尽くし（そして莫大に稼いだ）、のちに態度を改めるのだが、むしろ過去にそうした経験があったからという理由で指名された――と、「金融業界《ウォールストリート》にとってよいことは、一般社会《メインストリート》にとってもよいことに決まっている」という何の保証もない想定でおこなわれる昨今の人事とでは、性質の面で雲泥の差があると指摘している。本書は、こうしたふたりの両方の視点から、アメリカに金融に親和的な政策が生まれた要因を考えている。

金融規制の撤廃を決めた政府判断が奏功し、好循環を生み出したという点には、異論を挟むつもりはない。たしかに金融規制の撤廃は、低コストの仲介業（チャールズ・シュワブなど）や、低コストの投資ファンド（バンガードなど）といった、見事なイノベーションの数々を生み出した。そうしたイノベーションがもたらした価値、安全性、効率性は、まさに規制撤廃に期待されていた最大の効果だ。だが今にして思えば、これは主な目的だったのではなく、例外だったのだ。金融が段階的に規制撤廃されていくたびごとに、新しく自由に競争できるようになった金融仲介業が「取引をあおる腕前」に長けていることが明らかになっていった。彼らは顧客に対し、「市場を出し抜いて大きなリターンが得られる。リスクとリスク負担能力を馬鹿正直に釣り合わせて価値を求めるよりも、ずっとリッチになれる」と約束するのだった。

こうして、プリンストン大学の経済学者バートン・マルキールが「空中の城」と呼んだものに対する累積需要が生まれた[15]。主たるビジネスモデルが、空中に浮かぶ鳥の王国〔アリストパネスの喜劇『鳥』で、主人公たちが築き上げる王国〕の土地を顧客に切り売りすることなのだとすれば、手数料を低く設定すると得にならないどころか、自分が売っている雲のかけらを価値あるものだと思っていないというシグナルになってしまう。ゆえに、市場が自由になればなるほど、金融仲介業の大手は手数料を下げるのではなく、むしろ上げていくこととなった。この手数料を受け取る者たちは、金融セクターの急成長を眺めて、これは良いと考え、ますますロビー活動に身を乗り出した。

金融と業界不均衡

こうして金融は育っていた。１９５０年代は経済に占める割合が約３パーセントだったが、現在ではほぼ９パーセントになっている。確定拠出年金４０１（ｋ）で市場を上回るリターンを確保するにはどうしたらいいか、金融のプロのお言葉を聞いて気前よくカネを預ける富裕層と、富裕でなくとも同じ条件を満たす中流階級のアメリカ人にとっては、金融は未来を担う産業だった。顧客や受益人に投資リターンを届ける義務があると心得て、それを何としてでも確保したい公的あるいは私的な信託受託者にとっても、また、金融のプロにせっせと報酬を払って、「これこれの企業買収で絶大なシナジー効果が生まれますよ」というアドバイスをもらい、そのアドバイスを前のめりで聞いていた企業経営者にとっても、また、政治的リスクを回避する保険として、自分の財産を託す安全な領域を探している外国人にとっても、そしてまた、ほぼ例外なく収入がけたはずれに増えていた金融のプロたちにとっても、金融こそが未来だった。

経済に対して製造業が占める割合が21パーセントから14パーセントに縮小するのを尻目に、ＦＩＲＥ——

金融（Finance）、保険（Insurance）、不動産（Real Estate）——の取引が占める割合は上がっていった。製造業の落ち込みは巨大だ。その巨大な穴の大半を金融セクターが埋めることによって、巧みに、そして歴然と、経済の姿は作り変えられていった。それに沿った経済政策も整えられていった。しかし、その新しい経済政策がこの国の経済にどんな姿を、どんな中身を与えようとしているのか、誰も説明していなかった。

国際決済銀行の元チーフエコノミストであるスティーブン・チェケッティと、現シニアエコノミストのエニス・ケルビーが共著論文で指摘しているとおり、金融セクターのそうした活況ぶりが経済の残り大多数の成長を促進しないばかりか、むしろ成長を遅らせるというのは、何ら不思議な話ではない。[16]先ほど指摘したとおり、金融が圧倒的な力で経済全般に提供しているのは、仲介サービスだけだからだ。ストラテジストが繰り出すM&Aのアドバイスを食って生きることはできない。本当の価値の源として、最終的に実質経済成長となるのは、非金融セクターの経済的成長だ。金融の大半は「中間財」にすぎない。別の財をもっと生産できるという意味でのみ役に立つ存在だ。チェケッティとケルビーも、「金融発展のレベルはある程度まではよいものなのであって、それが経済成長の足を引っ張るようになってからは、急成長する金融セクターこそが有害となる」と結論づけている。その理由を、ふたりは次のように示した。

金融セクターの成長が恩恵をもたらすのは、担保が大きく生産性の低いプロジェクトに著しく偏っている。……プロジェクトで得られるリターンを担保としやすいものの、生産性（成長）は比較的低い、たとえば建設などのセクターが大きく伸びることになる。……有能な人材が金融セクターに集中すると……一般ビジネスに有能な人材が割り当てられた場合とくらべて、全体の生産性向上が低くなるということだ。［つまり］有能な人材が金融セクターに集まる金融ブームは、金融会社の交渉力が充分強い場合の、準最適なのだ。……金融セクターとリソースを奪い合う製造業は……金融ブームで受けるダメージが大きい。……特に、研究開発集約型の製造業、または外部からの融資に依存している製造業は、金融ブームが起きると、生産性向上に著しい縮小を強いられる(17)……

南カリフォルニア大学教授ジョシュア・アイゼンマンらも、「金融のオランダ病」と題した論稿で、同じ見解を示した(18)。金融の肥大化した成長と、熱に浮かされた金融イノベーションから、いったいどんな実用性ある最終製品が生み出されたというのか。2000年代には、1950年代よりも、効率的にセクター間や企業間に資本を割り当て、そのおかげで経済成長が加速していたのか。リスクは昔よりも効果的にヘッジされ分散していたのか。平均的な企業経営者は、昔よりも有能で、ステークホルダーと利益関心の足並みをきちんとそろえていたのか。マクロ経済を管理する連邦準備制度の仕事は、昔よりやりやすくなっていたのか。どれもこれも聞くまでもない質問だ。答えは、いずれに対しても「否」である。

とにかくこれが、ことの次第——規制撤廃を望む声

一度の単発的で唐突な政策変更が、規制撤廃へ向けて転がりだす勢いとなったわけではない。カリフォルニア大学バークレー校教授バリー・アイケングリーンが書いたとおり、むしろ「小さな切り傷を千カ所も負い続けて……銀行規制は死んだ」のである。世界大恐慌時代の規制構造の要《かなめ》部分が1999年に破棄されたことによって、新たなリスクテイキングが可能となり、金融セクターにシステミック・リスクが生じると同時にさらなる膨脹が始まったのだが、それは非常に長いプロセスの終点であったにすぎない。アイケングリ

ーンは規制撤廃プロセスの始まりは１９８０年にあるとしている。この年に、連邦準備制度による銀行預金利率の定め、すなわち規程Ｑの金利上限が撤廃された。だが実際には、その内容はもっと早く、１９７０年代に始まっていた。(19) １９７０年に初めて投資銀行の株式公開が認められたのが皮切りだ。かつての投資銀行はパートナーシップとして機能し、組織内の全員がそれぞれ担当する口座のリスクマネジメントをしていた。それが１９７０年を境に変化を始め、現在のシステム、すなわち２００８年にニューヨークの主要な投資銀行および商業銀行が１行残らず政府の救済がなければ破綻する状態に至ったシステムになったわけだ。

なぜか。理由は１９７０年代以降のアメリカ人が、この国の金融セクターの管理および規制に対し、実利ではなくイデオロギーをもち込むようになったからだ。往々にして抽象的な理論にくるまれたイデオロギーである。社会全般の幸福をめざす金融規制制度ではなく、規制撤廃に対するイデオロギーまみれの利益関心を最優先にしたのだ。

そして政府は、ニューディール期に整備され、金融セクターを手なずけ規制していた複雑な構造を取り去ることによって、新しい経済空間を開き、ふたたび経済の再設計をおこなった。過去の経済再設計がそうであったように、開かれた水門を通じて、たちまち強い市場原理がはたらいた。このときも起業家たちのイノベーションが新たなリーディングセクターの急成長を促した。そのセクターが経済全般に波及し、過去の経済再設計と同じく新たな雇用と新たなアイデアと新たな富裕層を生み出すとともに、新しくパワフルな――いまや「支配的な」と呼ぶべき――政治的利益集団を生み出した。だが過去の例とちがっていたのは、このときの経済再設計が具体的ではなかったことだ。この国が何をつかもうとしているのか誰もイメージを示さないまま、ただ金融セクターが解き放たれたのだ。

アメリカの政治的行動としての規制撤廃を最初におこなったのは、カーター政権下で民間航空委員会の委員長を務めたアルフレッド・カーンである。カーンが率いた同委員会は、運輸交通網に対する政府規制はまったく機能していないと主張した（的を射た主張だ）。連邦航空局が定めた規制の枠組みでは、航空会社同士の価格競争が基本的に禁じられていた。そのため航空会社は品質で競っていた。交通費が経費で落ちる出張利用客は満足していたが、社員の出張が多い企業にとってはそうでもなかった。そして、都市から都市へ、都市から休暇先へ、狭くてもいいから速くて安い移動手段を探している人にとっては、とても手が出ない料金だった。航空運賃の規制撤廃——カーンが最初に着手した代表的イニシアチブであり、彼はこの功績を認められてカーター政権内で大きな影響力をもつ立場になる——は、ワシントンのテクノクラート官僚のあいだでも評判が高かったし、これまで旅行者になれずにいた中流階級は大喜びで受け止めた。

アルフレッド・カーンはその後、陸上交通の規制撤廃にも乗り出した。

州際通商委員会（ＩＣＣ）はそもそも、独占的な鉄道会社によって地域の農民が犠牲を強いられることを防ぐ目的で設立された機関だった。しかしほどなくして、鉄道会社を不快な競争の現実から守る役割に転じる。鉄道のように、変動費に対して固定費の割合が高く、資本金が長持ちする産業では、自由市場の均衡は三つの状態のあいだで揺れ動く。独占状態となれば、運賃は高騰し、鉄道会社は利用者が払える限り最大限に課金する。競争状態になれば、輸送可能人員に過剰が生じる。費用を賄う運賃設定は限界費用ぎりぎりまで下がるので、鉄道会社はどんどん損をする。あるいは同じ競争状態でも、輸送可能人員が増えつつ、価値の高い需要をともなわない場合は、運賃は高騰し、鉄道会社はどんどん損をする。こんな市場構造は鉄道会社にとってもオーナーにとっても——既存企業と、新規参入を狙う者の両方にとって——苛立たしいものだ。消費者にとっても腹立たしい。何しろ三つの状態のゆくえがわからないので、交通費は今後安くなるのか、それとも高いままなのか、どちらの未来に向けて準備をすればいいのか判断がつかない。そこでＩＣＣは全員を満足させるべく、鉄道運賃設定の法則性を定め（安くはないにせよ）、鉄道会社の利益を保証した。ただし利益が確保されていたのは、新しく生まれた州間高速道路網でのトラック輸送が登場するまでのことだった。

トラック輸送は、多様な製品を多様なルートで、ＩＣＣが定めた鉄道運賃よりも安上がりに提供することを約束した。そこでＩＣＣは権限を拡大し、トラック輸送の価格も規制した。トラック運転手組合はこれを喜び、政治的影響力をふるってＩＣＣを支援して、２００万の加盟者を抱える団体に成長した。このようになっていた鉄道とトラックの双方に対して規制撤廃を決めたのは、全員を喜ばせるための良い政府の取り組みに見えたし、実際にそうだった。トラック運転手組合はその「全員」に入っていなかったが、ニクソンとレーガンを支持した彼らが、共和党の政策討議に影響をおよぼすことはなかったし、民主党派の別の組合も、カーター政権のテクノクラート官僚に対して何らかの政治的圧力を振るうことはなかった。

その後、規制撤廃のうねりはエネルギー産業に移った。ニクソン政権の価格賃金規制、１９７３年のヨム・キプール（贖罪の日）に第四次中東戦争が勃発しアラブ諸国が西への石油禁輸措置を敷いた結果として世界の石油価格が3倍になったこと、これを受けてサウジアラビアが産油量の調整役として市場に対する影響力を自覚するようになったこと、テキサス鉄道委員会が長年敷いてきた規制の枠組み、イラン革命の結果として世界の石油価格が一時的にさらに3倍に上昇したことに対する場当たり的で錯綜したフォードおよびカーター政権の反応……これらすべてがあわさった相互作用により、アメリカには古い石油と、新しい石油と、管理された石油と、管理されていない石油が混在する状態になった。また、ときおりガソリン不足が発生し、ガソリンスタンドには長蛇の列ができた。このように不合理かつ非生産的となっていた石油管理体制を撤廃したのは、政策面でも政治的な面でも、レーガン政権の大きな勝利だったといえる。さらにエネルギー産業における規制撤廃は電力にもおよび、カリフォルニアでは電力自由化に起因する電力危機も起きた。規制撤廃された市場に首尾よく乗じた企業が引き起こした危機だ。規制撤廃は通信産業にも広がった。神と、それから独占禁止法違反の裁判を担当したハロルド・H・グリーン裁判官の仕分けのもと、規制下の独占通信事業だったAT&Tが分割されることとなった〔ベトナム戦争におけるアメリカ海軍のスローガン「皆殺しにせよ、仕分けは神がなさる」にかけた表現〕。

とにかくこれが、ことの次第——金融規制の撤廃

アルフレッド・カーンが取り組む前から、金融規制の撤廃を求める圧力は存在していた。雇用主が提供する退職年金制度がでたらめであったり、社会保障制度が提示する所得代替率が限定的であったりしたため、不平等が広がり、それに対する懸念がずっとくすぶっていたことから、退職後の生活のためにもっと貯蓄するインセンティブを生むと同時に、アメリカの企業と金融業界にとって大きな助けになるような政策を求める声が湧き起っていたのである。1978年、ルイジアナ州選出の上院議員ラッセル・ロングが議長を務める金融委員会は、内国歳入法に新たな条項を加え、繰り延べ所得が実収入となるまで、課税も繰り延べを認めることとした。こうして401(k)——個人退職勘定(IRA)——が生まれる。アメリカのビジネス界はこれを機会と見た。市場リスクをみずから背負わず、帳簿に載せず、それを従業員に移行できるというわけだ。確定給付型年金は次々と廃止され、IRAへと切り替えられていった。IRA口座の数は爆発的に増え、ウォール街に大きなブームを巻き起こした。

ブームとなった第1の理由は、年金制度の切り替えにより、401(k)のマネーをどこに、どのように投資しておけばいいのか、個人が判断するための手伝いをするという、旨味のあるビジネスが促進されるこ

ととなったからだ。また、保管手数料や運用手数料という、永続的にもたらされる贈り物も生まれた。年間２パーセントの手数料が毎年毎年発生し、口座は30年間動かさないという例もめずらしくない。手数料が退職後の蓄えを少なからず食ってしまうほどだった。また、単に顧客のお金を増やすだけでは、顧客のポートフォリオを頻繁に売り買いしたときほど報酬が入らないブローカーや運用管理者にとっては、投資ファンドから入る手数料やキックバックの意味は大きかった。そして第２の理由は、低俗な金融新聞や金融情報番組の世界が盛り上がったことだ。これまで以上に大勢がウォール街のゲームに参加するようになり、「ゲームについていかなくては」と思うようになった。さらに第３の理由として、積極的に市場を創出し、流動性を提供して、情報通の投資家《スマートマネー》——投資番組『マッドマネー』のゲストが「売りだ！」と言ったときには買い、ゲストが「買いだ！」と言ったときには売るような——として活動しようとする者たちに、そのための資金が入っていった点があった。

１９７０年代には、インフレ上昇により、商業銀行が預金に対して支払う名目金利を定める規程Ｑの縛りが、それまで以上に大きな足かせになっていた。貯蓄者たちはインフレ上昇に後れを取らない選択肢をほかで探そうとするので、金利アップによる競争ができない銀行から、預金は流れ出ていってしまった。そして貯蓄者と銀行の双方が、議会に対し、規程Ｑの廃止を要求するようになった。金利上限の継続を要求するロビー活動はいっさいおこなわれなかった。

展開の早いことに１９７４年には、ニクソン政権下の議会が、ニューハンプシャー州とマサチューセッツ州の銀行に対して、ＮＯＷ口座に対する利息の支払いを認めた。１９７６年には、ニューイングランドの残りの地域にも同じ特権を認めた。また、運輸交通の規制撤廃が実質的な経済政策となって、政治的にも成功を収めたことに味をしめた議会民主党およびカーター大統領は、規制撤廃が吉と出て世論から支持される産業をほかにも探し始めた。白羽の矢が立ったのは金融セクターだ。1980年末には、当座預金口座の利息を全国的に拡大した。規制制度改革法が、連邦準備制度の金利上限を徐々に破棄していき、銀行はふたたび高金利の提供を通じてファンド間での競争ができるようになった。

規程Qの廃止はドミノ倒しの始まりだった。これを受けて、住宅ローンを中心とする貯蓄貸付組合（S&L）が、熾烈な競争圧力の海に放り出されることとなった。規程Qが廃止される前のS&Lは、預金に対して、銀行がつけられない高金利をつけられる立場だったからだ。新たな圧力に直面したS&Lは議会に苦境を訴え、議会もこの叫びに耳を傾けた。こうして、1982年に制定されたガーン＝セント・ジャーメイン法により、S&Lは住宅ローンというニッチに加えて、商業銀行が有する事実上すべての業務を扱うことが認められた。それでいて預金に対する政府保証も維持できたので、事業を拡大しつつ、よりリスキーな投資戦略に乗り出せるようになったというわけである。

ガーン＝セント・ジャーメイン法が、S&Lが手を広げてもよいリスクを制限していなかったことが、1980年代後半に起きる貯蓄貸付組合危機の下地となった。新しいリスクに挑む権利が与えられ、新しい規制制限を受けなかったS&Lは、案の定というべき行動に出たのである。

モラルハザードと預金保険について初歩的な経済学を学んでいれば、そんなシチュエーションには危険が潜んでいることはわかりそうなものだ。必要なのは、銀行が有する資産とポートフォリオに対する規制監督の緩和ではなく、むしろ強化であると、経済学は教えている。銀行はあくまで金利上限のもとで、長期国債の資産や、住宅ローンや、優良社債を維持しつつ、サービス向上による業務拡大と、コスト削減による利幅増大で競っていけばいい。それならポートフォリオの危険度が上昇する確率は低い――ヘッジファンド式資産運用の腕で競うのではなく、効率的で信頼の置けるリテールバンキングの運営能力で競うことになるからだ。しかし、ひとたび銀行に金利競争が認められてしまえば、ゲームは変わってくる。おいしいところは勝ち取り、厄介なところは政府に尻ぬぐいさせながら、リスキーなポートフォリオで競うというのが、金融機関にとって魅力的なゲームになったのだ。むしろぜひとも参戦すべきゲームになった。参戦しなければ自行の預金口座の数が減っていくのを見守るはめになるだけだからだ。つまり金利の規制緩和をするなら、本来さらに厳しい規制監督と、さらに細かく審査する体制を、同時に整える必要があったのである。

ガーン＝セント・ジャーメイン法でS&Lが競争力をもったことを受けて、今度は商業銀行のほうも規制の適用除外を求めた。バンカーズ・トラストを筆頭とするロビー活動の矛先は、議会ではなく連邦準備制度理事会だ。こうして１９８６年12月に、連邦準備制度理事会はきわめて独創的にグラス＝スティーガル法を解釈して、商業銀行に不動産担保証券、社債、その他の投資銀行業務の引き受けを認めた。ただし、それらの活動が商業銀行の全収益の20分の1を超えないことが条件だ。このわずかな幅で許された許容範囲が、その後少しずつ広がっていった。非常にめずらしいことに、議長であるポール・ヴォルカーの反対がありながら、連邦準備制度理事会は、商業銀行に投資銀行業務に関連した活動のさらなる拡大を認めた。ヴォルカーの後継者アラン・グリーンスパンのもと、投資銀行業務から得る収益は全体の20分の1という制限は4分の1にまで広がった。

債券の適格性を基準とする制限は、最初から堅実な企業だけに債券市場を利用させる効果があった。だが大手の投資銀行のみならず、もっと小さい会社、もっと小さい投資銀行も、「ジャンク債」の発行を認めろと主張するようになった。ジャンク債は高利回りだ。それは最初に投資適格債として発行され、その後たまたま企業の運命が悪化したというたぐいのものではない。債券そのものが端《はな》からリバーボート・カジノ〔河川の船舶の賭博場〕だったのだ。だが地方銀行のロビイストたち――特にS&Lのロビイストたち――の主張によれば、する規制はもはや時代遅れであり、緩和する必要があるというのだった。

　１９８０年代の後半には石油価格が崩壊し、石油産業のバブルがはじけ、南部平原地方で展開していたＳ＆Ｌの多くが一気に破綻状態になった。それに対する彼らの対策が「復活のための賭け《ギャンブル》」をすることだった。政府保証があるのをいいことに、よりリスキーで、よりハイリターンな（と彼らが願う）ポートフォリオに投資をするのである。[20]当初、規制当局はこれを認めなかったが、規制撤廃を求める声は倍に膨らむばかりだった。理論的に言えば、それはＳ＆Ｌのお金であり、彼らも大人なのだから、それでギャンブルをするのは許されてしかるべきだ、という理屈である。そして政治的に言えば、規制当局の声――Ｓ＆Ｌが破綻したからには、彼らがギャンブルに投じようとしているお金はもはや彼らのものではなく、政府のものであり、納税者のものなのだ――よりも、選挙献金の声のほうが大きかった。

　よりゆるやかになった新しい規制枠組みのもとでＳ＆Ｌが始めた行動に対し、金融機関の規制当局が反対を示した際には、貯蓄貸付業界は上院議員や下院議員を抱き込んだ。金融機関が起死回生のために政府のカネでギャンブルするのを阻止する取り組み――Ｓ＆Ｌの「おいしいところは勝ちとり、尻ぬぐいは納税者にさせる」式のゲームプレイをやめさせる試み――を妨害した存在のなかでも、もっとも有名なのは、「キーティング５」と呼ばれた議員５人である。アラン・クランストン（カリフォルニア州選出、民主党）、デニス・デコンチーニ（アリゾナ州選出、民主党）、ジョン・グレン（オハイオ州選出、民主党）、ジョン・マケイン（アリゾナ州選出、共和党）、ドナルド・Ｗ・リエグル・ジュニア（ミシガン州選出、民主党）だ。その挙句に起きたのが、１９９０年代初期のＳ＆Ｌ危機だ。これによって失われた預金３０００億ドルの請求が納税者に転嫁され、状況を解決するために整理信託公社が設立された。破綻したＳ＆Ｌの約半分はテキサスにあったので、全国がテキサスに1000億ドル以上をプレゼントした格好となった。融資ではない。今のギリシャが「ユーロ圏がしてくれていたら」と望んでいる、気前のいいプレゼントである。

一方、投資銀行はどうだったか。1970年代に株式公開を認められた投資銀行は、1990年代には合併の波に巧みに乗って、投資銀行業務というニッチの内側に規模の経済を生むのではなく、その外側に範囲の経済を生み出すようになっていった。たとえば信託分野大手のバンカーズ・トラストと、証券会社のアレックス・ブラウン＆サンズが合併するといった具合だ。ほかにも合併は相次いだ。さらには、金融サービス業界の分野同士で規制撤廃のロビー活動合戦が熾烈化し、商業銀行も激しいロビー活動をするようになった。

最後の締めくくりはグラス＝スティーガル法の廃止だ。決まったのは1999年だが、1998年にはその動きが始まっていた。保険会社トラベラーズを経営する実業家サンフォード・ワイルは1998年の時点で、シティコープを経営するジョン・リードに2社の合併をもちかけている。グラス＝スティーガル法の要件では、合併すればトラベラーズの保険事業すべてを手放す必要があったにもかかわらず、それが新生シティグループに適用される前に法律のほうを廃止させられると踏んでいたのである。

連邦準備制度理事会、議会、財務省は、いずれもこうした動きを熱心に見守っていた。寡頭状態になっていた投資銀行業界が、競争市場が生み出す利益を過度に超える儲けを得ているように見えたからだ。投資銀行は、絡み合う規制をすり抜けて操作する独自の力をもっていた（ように見えた）。不動産、株、金融派生商品、その他のリスクをとる財力と忍耐力をもつ者への株式プレミアムの見返りがけたはずれになっていたのは、金融市場が社会全体のリスク負担能力をうまく高めていないことを示していた。こうした状況を受けて、連邦準備制度理事会と財務省は、制度的実験を進めるべきだと考えた。寡頭的になった投資銀行に対し、今度は財力をたくわえた商業銀行や保険会社が勢いよく競争していくことで、投資銀行業界のけたはずれの利益を減らし、経済全体の資本の流れを改善できると考えたのである。リードとワイルの息のかかったテクノクラート官僚たちは、まさに上首尾に、自分たちの意見で連邦準備制度理事会と財務省を動かしていたのだった。

規制撤廃推進派の武器は、新しく台頭していた金融工学と数理ファイナンスだ。安全なポートフォリオと安全な資産を構成するものは何か、もはや従来型の発想は時代遅れになったと言われた。オプション、デリバティブ、ヘッジ、拡散過程を計算する新しい金融工学が、それまでよりも洗練され、細かく、そして効果的なリスク運用のあり方を生み出した——充分な数のコンピューターをそろえ、充分な給料を得ている金融のプロによって実施されている限りは、これが効果的であるはずだった。現代の金融に生まれた、この新しいシステムが、１９８７年10月のたった1日で株式市場に25パーセントの暴落をもたらしたという事実を見れば、規制当局と学者たちは一度立ち止まって考えなおしてもよかったはずだ。しかし、そうはならなかった。

それに、議会は金融サービス業界のロビイストたちをいつでもあたたかく迎えていた。議員たちは規制撤廃の姿勢は有権者の受けがいいことを——たとえＳ＆Ｌ危機のときのようなおそろしく悪い事態になっても——知っていたからだ。また、規制撤廃に邁進する限り、そこには莫大な政治資金と、公務を退いたあとの実入りのよいキャリアが約束されていることも知っていたからだ。

１９９０年代初期に起きたＳ＆Ｌ危機への対応を見て、金融規制は厳格化する可能性もあったのかもしれない。だがそうはならなかった。金融機関が破綻し、３０００億ドル——年間ＧＤＰの５パーセントだ——の請求を政府がかぶったにもかかわらず、金融規制撤廃の圧力は高まる一方だった。[21] 金融市場で取引をする者たちのあいだで、以前の大規模な金融崩壊や世界大恐慌の記憶が薄れていたからだ。政策立案者たちのあいだでも、マクロ経済的管理をおこなう現代のさまざまなツールが大恐慌の再来を不可能にしたという確信が、ますます広く根強くなっていった。そのせいで、S&L危機も、規制撤廃のうねりを逆転させることはなかったのである。

そういうわけで、１９９９年にグラム＝リーチ＝ブライリー法の制定によってグラス＝スティーガル法が廃止されたのは、四半世紀以上におよぶ金融規制撤廃プロセスの着地点にすぎなかった。商業銀行とシャドーバンクは、すでに数十年にわたり、何らかの形の監視拡大もなく幅広い活動を許されていたのである。

とにかくこれが、ことの次第――金融危機と、世界恐慌に対する薄れゆく記憶

銀行や資産運用機関のトップにいた人々が大恐慌世代であったうちは、ポートフォリオの危険度に制限をかけたり、あちこちから集める資本プールに制限をかけたりするのは、束縛と見なされなかった。１９３０年代に消滅し、多すぎる負債で未来の利益創出ポテンシャルを破壊してしまった末端部分だけが、世界恐慌を記憶していたわけではなかった。誰もそんなことの再現をめざしてはいない。リスクの高いポートフォリオで、今年の利益率を数パーセントポイントほど強引に上げるために、未来の収益ストリームを危険にさらせ――などという筋の通った戦略があるはずもなかった。

政策立案者にしてみれば、そもそもニューディール期の規制機構でリスクを厳しく制御した第一の理由は、投資家や銀行家に安全なポートフォリオをもたせる必要があったからだ。ガンスリンガーの好きなようにさせていたら、危険なポートフォリオが組まれ、ふたたび株式市場崩壊と銀行破綻が発生し、ふたたび大恐慌が引き起こされるという懸念があった。こうした信用チャネルの外部性を鑑みると、競争を規制したからと

いって、金融市場がマクロ経済的安定をもたらす土台を提供できたわけではなかった。その土台の提供を任されるべき立場でもない。だが1970年代になって、金本位制という名目的な抑制値がなくなると、資金調達をした起業家の事業がデフレのせいで脅かされることよりも、むしろインフレのせいで貯蓄者の財産が脅かされることのほうが危険だ、と考えられるようになった。ローリスク・ローリターンのポートフォリオを要求するのは、危険と思えたデフレ危機への防御策だったのだが、実際には、それが貯蓄者をインフレ危機に対して脆弱にしたというわけだ。

さらに、ミルトン・フリードマンとアンナ・シュウォーツが経済史に生み出した名著『米国金融史』や、フリードマンとフリードマン流マネタリズムが、マクロ経済学理論と中央銀行政策において知的勝利をおさめると、金融市場のポートフォリオに対する厳しい規制制御は、いわば、なくても困らないズボン吊りになった。[22] 連邦準備制度が通貨供給量を適切に管理すれば、デフレは防げる。そうすれば世界恐慌を招いた因果の鎖も根元で分断されるので、企業に資金を提供する信用チャネルの能力を阻むような介入は必要ではなかった。

パニック、危機の飛び火、倒産、破綻、不況を食い止める防火帯だと見られていたはずのものは、ネクタイとスーツを着た権力構造のなかだけで資本を流れさせ、その外にいる一般市民に資本を送らないための妨害工作だと見られるようになった。ジャンク債、サブプライムローン、リスクをプールし分散する証券化、そしてリスクを小分けにして分配する（預金者を、もっていたはずの安全性すら保証されないという、従来とは異なる形の借り主へと変貌させる）金融派生商品の構築――これらはすべて、資本へのアクセスを拡大する手段だと見られていた。それは金融の民主化に向かう道であり、金融機関を後押しするだけではなく、市民の上昇志向を支える道だと考えられていた。そんなものは共和党がカネを奪うための筋書きじゃないか、とは受け止められていなかった。むしろ圧倒的に民主党派だった連邦議会黒人議員幹部会が、サブプライムローンを熱心に後押しした。政府保証型ローンの受給資格を満たす者しか住宅ローンを受けられないという制約は、連邦議会黒人議員幹部会の目から見て、意図的ではないにせよ実質的な差別行為だったからだ。

実利的アプローチで向き合っていたならば、ハイ・ファイナンスは慎重な規制を要する重要なセクターだと気づいていたはずだ。暴走する可能性と、暴走する過程で広範囲に経済的破壊をもたらしかねない危うさは、最初から内包されていたからだ。金融は、金融の正しい使命を果たす必要がある。その使命を果たし得る取引や、株価予測や、実務が、容易かつ安価なものになっているべきだ。不適切な機能は封じられていなければいけないし、やってはいけないファイナンスの形式こそが厄介で、面倒で、費用がかかるものになっているべきなのだ。だが、この国の経済はそうはなっていなかった。

昔を振り返ってみるといい。2世紀ほどをじっくりと眺めてみるのだ。1837年、1873年、1893年、1907年に何が起きたか――投機バブル、それに続くパニック、破綻、そして厳しい不況だ。

もっとも派手だったのは言うまでもなく1929年の経済危機である。これが世界恐慌の引き金を引いた。この1929年への対策として、アメリカの経済政策は強力な強い金融規制を敷いた。その後のアメリカには、まる2世代にわたって投機バブルもなく、パニックもなく、危機も起きなかった。それなのに私たちは、わざわざ意図的にその規制の枠組みを取り外しにかかったのだ。イノベーションに力を得た金融化の高まりと、セクターとしての急成長によって、金融はGDP構成という面で他の産業を押しのけながら、アメリカの産業をえぐって空洞化するよう立ち回った。意図的に、しかし具体性はともなわず――それどころか、むしろイデオロギーに突き動かされ、もっぱら目新しい経済・金融理論用語で表現しながら――私たちは経済の姿を作り変えてしまったのだ。その結果として投機バブルと危機が起きた。２０００年には本格的な不況をまぬがれたが、2008年はそうではなかった。

もう一度2008年に――もしくは、なお悪いことにもう一度1929年に――陥りかねないほどに大きなハイ・ファイナンス・セクターを有していられる余裕など、この国にはないのだ。金融を国の成長を担うセクターにしようとする行為は、繰り返すべきではない。むしろ、おそらくは製造業と置き換えて、積極的に縮小していくセクターにするべきなのだ。だが私たちには、肥大化した金融をそぎおとす計画が、まだ何もない。それどころか今も強大化の進む金融をさらに膨張させる軌道に乗っている。肥大化した金融が政治的に、しかも支配力をもって、発言力を備えてしまっている。せいいっぱい控えめな表現で言うとしても、これほど嘆かわしいことはない。

おわりに

1980年代初期に始まったアメリカ経済政策のイデオロギー的転換に対して、本書は手厳しく批判的な立場をとっている。発言や思想や行動を通じてその転換を引き起こした人々が、実際には自分でもわかっていないことを「わかっている」とうそぶき、結果的にそれはまちがっていたことが証明されているからだ。彼らは――世界をきちんと見ようともせずに――「わかっている」と語っていた。たとえば、

●アメリカ経済は、あらゆる場面が過剰な規制環境で阻害されている。規制を緩和して民間セクターを解放する必要がある。

●アメリカ経済には、企業活動と起業家精神を鼓舞するインセンティブが不充分だ。促進するためには、もっと大きな金銭的見返りが必要である。

●アメリカ経済は「民衆硬化症 demosclerosis」(1)に陥っている。市場の成功から引き出されるわけではない所得や富の権利を主張する利益集団が増えすぎた。

つまり、政治経済の最大の任務は、次のとおりというわけだ。

●政府の規制と市場への介入は、いかなる形式であってもすべて撤廃し、市場を開く。そうすれば起業家たちがそこに流れ込んでイノベーションを生み、成長し、その過程で経済を再活性化し作り変えていく。

そして彼らはこううそぶくのだ。

●とにかくそれが、ことの次第だった。

すべての帰結がはっきりした時点で実体経済はどんな姿になっているのか、という具体的なイメージを提示しようという試みが、いっさいなされなかったのだ。

この政策転換はアメリカにとって大きな失敗であったと本書は確信している。経済の姿を作り変える重要な選択の仕方をまちがえ、さらには不運も重なった。その理由はジョン・メイナード・ケインズが１９２０年代に看破している。

世の中が、私益と公益がつねに一致するように天上から統治されているというのは、事実ではない。現実に私益と公益が一致するように地上で管理されているというのも、事実ではない。洗練された自己利益がつねに公共の利益になるように作用するというのは、経済学の原則からの推論として、正しくはない。自己利益がつねに洗練されているというのは、事実ではない[2]〔「自由放任の終わり」『ケインズ説得論集』山岡洋一訳より。以下同〕。

ハイ・ファイナンスの過剰売買、不動産取引、医療保険請求手続きは、プラスの方向へ大きなスピルオーバー効果を生み出す未来の産業ではなかった。だが結果的にはそれらが、ワシントンで政策を動かす者たちがインプラント手術をほどこした経済の具体的な姿になった。脂肪吸引と称して製造業をごっそりぬきとり、そのGDPの穴をハイ・ファイナンスと不動産取引と医療保険請求手続きで埋めたのだ。忙しそうに見えるが、中身は入っていない。脂肪を取り去ったように見せかけて、実際には今もぶよぶよとたるんでいる。まったくもって不細工だが、これが、アメリカの政策立案者たちによってもたらされた今のアメリカ経済の姿なのである。所得の分配は、経済的価値を独り占めする超富裕層に偏っており、国民全体に利益をもたらす起業家精神の波を解き放つことはなかった。アレグザンダー・ハミルトンの時代から産業のなかに築かれ育ってきたエンジニアリング・コミュニティが生み出すのは、アメリカより貧しい新興国市場に寄付させていただくしかないような粗悪で時代遅れの衣類ではなかったはずだ。

だが本書は、1980年前後に起きた転換がまちがったイデオロギーに突き動かされていたことに不満をぶつけたいわけではない。

イデオロギーを差し替えよと言っているわけではないのだ。世界を見ようともせず、アメリカ経済に利すると「わかっている」とうそぶくイデオロギーを、また新たにもち出して何になるのか。政府の規制拡大はいつでも善であり、すべての製造業は維持する価値があり、提案されるインフラ開発のひとつひとつがどれも全国に恩寵をもたらし、金持ちから重税をしぼりとるのがつねにウィン-ウィンの政策であるなどと、そんなことが前もってわかるわけもない。

はっきりとわかっているのは、ハミルトン時代以降のアメリカで成功してきた経済政策が、どれもイデオロギーではなく実利にもとづいていたという事実だ。抽象論ではなく具体論だった。事前に把握も説明もできないものではなく、イメージ可能なものだった。うまく言葉にできないものではなかった。だとすれば今の私たちは、経済政策について何を考えるべきかではなく、どう考えるべきであるか、それだけは「わかっている」と言えるのではないか。イデオロギーを信じないこと――もしくは社会学者のダニエル・ベルが希望に満ちた1950年代の著書『イデオロギーの終焉』で使わなかったものの、彼ならば言いそうな表現で言うならば、ノンイデオロギーのイデオロギーだ。(3) ケインズは実際にこう書いている。

したがって、バークが言う「立法にあたってとくに微妙な問題の一つ」、つまり、国が公共の英知を使って指揮を引き受けるべき点は何で、干渉を最小限に抑えて、個人の努力に任せるべき点は何なのかを判断する問題は、抽象的な理論によって解決することはできず、その是非を詳細にわたって検討していかなければならない。……その際には、政府の干渉は「一般に不必要で」、しかも「一般に有害だ」とするベンサム流の予断をもたないようにするべきである。(4)

アメリカが諸問題を熟慮する力を失ったのは、おそらく、1980年前後に政策転換を主導した者たちがそう仕向けた（そしておおむね成功した）からだ。彼らは、アメリカの実利的な政治経済の伝統を、自由放任主義に対抗するもうひとつのイデオロギーにすぎないもの、すなわちイデオロギッシュなケインズ主義に分類しようとした。だがケインズを読んでほしい。彼は自由放任主義を非難し、そのメリットに疑問の目を向けるよう訴えたが、返す刀で同じように強く左派のイデオロギーを糾弾している。

わたしが教条的な国家社会主義を批判するのは……現に起こっていることの重要性を見落としているからだ。国家社会は実のところ、百年も前の誰かの主張に対する誤解に基づいて、五十年前の問題を解決しようとした計画がほこりをかぶって残されているのと、大差はないからである。(5)

この国は、経済政策と公正な成長の問題に実利本位《プラグマティズム》で対峙する伝統を取り戻さねばならない。そもそもの始まりのときから、アメリカ合衆国は経済の再設計を幾度となくおこなってきては、経済を新たな成長の方向へと向けてきた。知をもっておこなわれる再設計が政府によって実行され、パワフルな政治勢力が、たいてい幅広い支持層をもってそれを援護した。自国経済はかくのごとく変わらねばならぬという共通ビジョンが指針となっていた。その新しい経済空間に起業家のエネルギーと活動が流れ込み、経済は力を取り戻し、予想もできなかった形へ変わっていったのである。こうした数々の再設計がアメリカを、ソヴィエトの政治家トロツキーが「未来が作り上げられる鍛冶場」と自伝で表現した存在にした。鍛冶場には今もいくらかの火が残っている。特にあかあかと見えるのがシリコンバレーだ。だが、アメリカで一番最近におこなわれた経済再設計が広くプラスの成長を開いたと、本気で信じる者はいるだろうか。

１９８０年代に始まった最後の再設計で、経済の新しい方向性は——アメリカの歴史において例のないことに——実利ではなくイデオロギーで選ばれ、具体的ではなく抽象的に提示された。このときも政府は新たな方向を示し、そこへ向かう道の障害物を片づけ、手段も手配した。役所的な形式主義と、政府の規制と、市場への介入が縮小されて、市場にすべての采配が丸投げされたなかへ、起業家たちがなだれこみ、イノベーションを起こし、リスクに挑戦し、利益を得て、新しい成長の方向性を拡大していった。コントロールはとれていなかった。経済はたしかに方向転換をして、その姿は作り変えられたが、新たなエネルギーを得てはいなかった。国民全体の繁栄が増すこともなかった。市場勢力と市場論理の支配が拡大したことで後回しにされた社会構造が市場勢力によって腐食し、社会的な規範も崩れた。崩れた規範の取り換えは、可能だとしても困難で高くつく。世界におけるアメリカのパワーにも、アメリカ国内のパワーバランスにも、特に得られたものはなかった。抽象論とイデオロギーではなく、具体論として提示されていたならば、アメリカがこの再設計を選んでいたとはきわめて考えにくい。

だとすれば、私たちは今、何をしていくべきなのか。

答えは経済の再設計だ。アメリカは今いちど、経済の再設計を必要としている。

新しい再設計の中身をあやしげな数値目標をちりばめて提案するつもりはない。過去の成功例はそんな経緯で生まれてきたわけではないからだ。賢い経済学者や最高の頭脳を集めた委員会が決める名案が経済の新しい方向性を作ってきたわけではないし、今もそんな方法に期待するべきではない。

だが、本書には一つアイデアがある。このうえなく重要だと本書が考えるアイデアだ。提案したいのはたった一つの変革――シンプルでわかりやすいが、おそらく実施は困難な変革である。

その変革とは、経済政策をめぐる議論を、過去の成功例のときと同じく、具体的なものにすることだ。経済政策の議論を、思弁的なイデオロギーや、その補佐的な学術的抽象論の領域から引っ張り出すのだ。経済に関して私たちは何をすべきかという考えを、議論を、提案を、具体的な言葉で語るのである。提示される変化がイメージできるように、「私たちは今後こうなっていく」と表現するよう求めるのである。

経済を、そして社会をプラスの方向へ作り変えていくにあたって、想像しうるどんなものよりも、この変革が私たちの助けになるにちがいない。

索 引

【か行】

【さ行】

【た行】

【な行】

【は行】

【ま行】

【や行】

【ら行】

【わ行】

原注

はじめに

1. セントルイス連邦準備銀行の経済統計データ「FRED（Federal Reserve Economic Data）」より。ウェブサイト：https://research.stlouisfed.org/fred2/; https://research.stlouisfed.org/fred2/graph/?id=VAPGDPMA.
2. アメリカの金融セクターの肥大化をほぼ全面的に計算し追跡してきた経済学者と言えば、ニューヨーク大学のトマス・フィリポンである。彼の経歴は http://pages.stern.nyu.edu/~tphilipp/vita.pdf で参照可能。特に以下の著作物を参照されたい。"Finance vs. Wal-Mart: Why Are Financial Services so Expensive?" in *Rethinking the Financial Crisis*, edited by Alan Blinder, Andrew Lo, and Robert Solow（New York: Russell Sage Foundation, 2013）; "Wages and Human Capital in the U.S. Financial Industry: 1909–2006," with Ariell Reshef, *Quarterly Journal of Economics*, May 2012; "An International Look at the Growth of Modern Finance" with Ariell Reshef, *Journal of Economic Perspectives* 27, no. 2（Spring 2013）; and "Has the U.S. Finance Industry Become Less Efficient?" *American Economic Review* 105, no. 4（April 2015）.
3. 次の資料が、数学的厳密さを充分すぎるほど追求しつつ、この重要な主張を提示している。Ralph E. Gomory and William J. Baumol, *Global Trade and Conflicting National Interests*（Cambridge, MA: MIT Press, 2001）. 次の資料も参照。Paul A. Samuelson, "Where Ricardo and Mill Rebut and Confirm Arguments of Mainstream Economists Supporting Globalization," *Journal of Economic Perspectives* 18, no. 3（Summer 2004）: 135–146.
4. ウォーレン・バフェットは、バークシャー・ハサウェイ株主に向けた2002年の年次報告書において、デリバティブを「金融の大量破壊兵器」と呼んだ。
5. Philippon and Reshef, "Wages and Human Capital in the U.S. Financial Industry: 1909–2006."

第1章

1. たとえば次の資料に以下の見解が示されている。James Madison, "Speech in Congress Opposing the National Bank on February 2, 1791," *Constitution Society*, http://www.constitution.org/jm/17910202_bank.htm.「［憲法の中に］［合衆国］銀行を統合する力を発見するのは不可能だった。……「共同防衛、一般的福祉」といった言葉からは、何も引き出されなかった。こうした包括的使命に関する力と言えば、彼らに課税する法令くらいだった。包括的使命自体も、補記として列挙されるにとどまっていた。……」
2. *Letters and Other Writings of James Madison*, Vol 3, 1816–1828.（New York: R. Worthington, 1884）, 542.
3. Laura Ingalls Wilder, *The Long Winter*（New York: Harper & Row: 1953）〔邦訳　ローラ・インガルス・ワイルダー『長い冬』谷口由美子訳、岩波書店、2000年〕

4. John Robert Seeley, *The Expansion of England*, first published 1883 (New York: Cosimo Classics History, 2005), 8〔邦訳　シーレー『英国膨張史論』加藤政司郎訳、興亡史論刊行会、1918年〕
5. John Brewer, *The Sinews of Power: War, Money and the English State*, 1688-1783 (New York: Alfred A. Knopf, 1988)〔邦訳　ジョン・ブリュア『財政＝軍事国家の衝撃　戦争・カネ・イギリス国家1688-1783』大久保桂子訳、名古屋大学出版会、2003年〕
6. Adam Smith, *An Inquiry into the Nature and Causes of the Wealth of Nations* (London, 1776), Book IV, Chapter 7, Part II, http://www.gutenberg.org/files/3300/3300-h/3300-h〔邦訳　アダム・スミス『国富論　国の豊かさの本質と原因についての研究』山岡洋一訳、日本経済新聞社出版局、2007年〕
7. Alexander Hamilton, *Report to the House of Representatives on Manufactures* (Washington: U.S. Treasury, 1791), http://www.constitution.org/ah/rpt_manufactures.pdf〔邦訳　アレグザンダー・ハミルトン『製造業に関する報告書』田島恵児／松野尾裕訳、未来社、1990年〕
8. W. Arthur Lewis, *Evolution of the International Economic Order* (Princeton, NJ: Princeton University Press, 1978)〔邦訳　W・アーサー・ルイス『国際経済秩序の進展』原田三喜雄訳、東洋経済新報社、1981年〕
9. Alexander Hamilton, Letter to Robert Morris of April 30, 1781, http://founders.archives.gov/documents/Hamilton/01-02-02-1167.
10. ユーロ圏に当面ハミルトンが現れない理由は、主にヨーロッパにおけるドイツの支配的立場のせいだ。ドイツの輸出指向が原因で、他のヨーロッパ各地では不況により通貨が弱くなっている一方で、ドイツがさらに好調となっている事実のせいである。
11. Paul Bairoch, *Economics and World History: Myths and Paradoxes* (Chicago: University of Chicago Press, 1993), 33, table 3.1.
12. 実際のところ、第二合衆国銀行をめぐる彼の政争のさなかで起きた金融ショックは、ジェイ・クックの失敗が1873年の恐慌を引き起こす前のアメリカが経験した、最大の景気悪化であったかもしれない。

第2章

1. Eric Foner, *Free Soil, Free Labor, Free Men: The Ideology of the Republican Party before the Civil War* (Oxford: Oxford University Press, 1970).
2. Paul Bairoch, *Economics and World History: Myths and Paradoxes* (Chicago: University of Chicago Press, 1993), table 2.2.
3. Ibid., table 3.3.
4. Leon Trotsky, *My Life* (New York: Charles Scribner, 1930), https://www.marxists.org/ebooks/trotsky/my-life/my-life-trotsky.epub〔邦訳　トロツキー『わが生涯』森田成也訳、岩波書店、2000年〕
5. Abraham Lincoln, *First Annual Message*, December 30, 1861, http://www.presidency.ucsb.edu/ws/?pid=29502.
6. Theodore Roosevelt, "Campaign Speech," October 15, 1896, http://projects.vassar.edu/1896/alt-

geld.html.

7. Jeff Weintraub, "Rum, Romanism, and Rebellion: Some Historical Reflections on Pastors and Presidential Candidates," *Jeff Weintraub Commentaries and Controversy* blog, March 16, 2008, http://jeffweintraub.blogspot.com/2008/03/rum-romanism-and-rebellion-some.html.
8. Oliver Wendell Holmes, "Dissent in Lochner v. New York" 198 US 45, 1905, http://caselaw.findlaw.com/scripts/getcase.pl?court=US&vol=198&invol=45.
9. Eric Schlosser, "'I Aimed for the Public's Heart, and . . .Hit It in the Stomach': 'The Jungle' Was a Socialist's Cry for Labor Justice. It Launched a Consumer Movement Instead," *Chicago Tribune*, May 21, 2006, http://articles.chicagotribune.com/2006-05-21/features/0605210414_1_upton-sinclair-trust-free.
10. 「好景気」発言の主はハーバード・フーヴァーだと言われている（が、それはまちがい）。
11. Franklin Delano Roosevelt, *First Inaugural Address*, March 4, 1933, http://www.c-span.org/video/?5792-1/president-franklin-d-roosevelt-inaugural-address.
12. Kenneth Jackson, *Crabgrass Frontier* (New York: Oxford University Press, 1985), 196.

第3章

1. Daniel Bell (1962), *The End of Ideology* (Cambridge, MA:Harvard University Press, 1962)〔邦訳　ダニエル・ベル『イデオロギーの終焉——1950年代における政治思想の涸渇について』岡田直之訳、東京創元新社、1969年〕
2. http://web.archive.org/web/20051124190902/http://www.eisenhowermemorial.org/presidential-papers/first-term/documents/1147.cfm.
3. White House Office of Management and Budget historical tables, "Summary of Receipts, Outlays, and Surpluses or Deficits (-) as Percentages of GDP: 1930–2020," table 1.2, https://www.whitehouse.gov/omb/budget/Historicals.
4. Emmanuel Saez, "Striking It Richer: The Evolution of Top Incomes in the United States (Updated with 2012 preliminary estimates)," September 3, 2013, http://eml.berkeley.edu//~saez/saez-UStopincomes-2012.pdf.
5. Lawrence Mishel and Alyssa Davis, "Top CEOs Make 300 Time More Than Typical Workers," *Economic Policy Institute*, June 21, 2015, http://www.epi.org/publication/top-ceos-make-300-times-more-than-workers-pay-growth-surpasses-market-gains-and-the-rest-of-the-0-1-percent/.
6. Kenneth Jackson, *Crabgrass Frontier* (New York: Oxford University Press, 1985), 193, 204, 193. この後のパラグラフは、当時——そして我々が知る限り現在でも——アメリカの郊外について論じた最高の歴史書であるジャクソンの同著をおおいに参考にしている。
7. Ibid., 194.
8. Ibid., 196.
9. Ibid., 326.
10. Ibid., 283.
11. James P. Womack, Daniel T. Jones, and Daniel Roos. *The Machine That Changed the World* (New York: Free Press, 1990, 2007)〔邦訳　ジェームズ・P. ウォマック／ダニエル・T. ジョー

ンズ／ダニエル・ルース『リーン生産方式が世界の自動車産業をこう変える　最強の日本車メーカーを欧米が追い越す日』沢田博訳、経済界、1990年〕

12. Jackson, *Crabgrass Frontier*, 241.
13. Michael Carliner, "Development of Federal Homeownership 'Policy,'" *Housing Policy Debate* 9, no. 2 (1998): 299–321.
14. White House Office of Management and Budget historical tables, https://www.whitehouse.gov/omb/budget/Historicals, table 14.5.
15. Robert S. Norris and Hans M. Kristensen, "Global Nuclear Weapons Inventories," *Bulletin of the Atomic Scientists* 66, no. 4 (July 2010): 77–82, table 2.
16. 新たに成立したボルシェビキ政府に対し、クーデター成功後、そしてブレスト＝リトフスク条約への調印前、帝国ドイツおよび駐ロ独軍に相対して採るべきだとトロツキーが主張した政策として有名。次の資料を参照。Tony Cliff, *Trotsky: Sword of the Revolution* (London: Bookmarks, 1990).
17. White House Office of Management and Budget historical tables, https://www.whitehouse.gov/omb/budget/Historicals, table 1.2.
18. G. Andrew Bernat, Jr., "Convergence in State Per Capita Personal Income, 1950–99," *Survey of Current Business* 81, no. 6 (June 2001): 36–48.
19. 次の資料を参照。Steven Solomon, *Water: The Epic Struggle for Wealth, Power, and Civilization* (New York: HarperCollins, 2010), 325–349〔邦訳　スティーブン・ソロモン『水が世界を支配する』矢野真千子訳、集英社、2011年〕
20. Dwight D. Eisenhower, "Farewell Radio and Television Address to the American People," January 17, 1961, http://www.eisenhower.archives.gov/all_about_ike/speeches/farewell_address.pdf.
21. OECD, *Exchange Control Policy* (Centre for Cooperation with the European Economies in Transition) (Geneva: OECD, 1993), 28.
22. ジョン・ガートナーの著書 *The Idea Factory: Bell Labs and the Great Age of American Innovation* (London: Penguin Press, 2012)〔邦訳　『世界の技術を支配する　ベル研究所の興亡』土方奈美訳、文藝春秋、2013年〕。同書は、現代およびそれ以前にベル研究所が果たしている役割について、非常にわかりやすく経緯を教えている。フランスの通信事業者アルカテルによる買収を経たベル研究所に、もはや分割前の面影はない。
23. Vernon W. Ruttan, *Is War Necessary for Economic Growth? Military Procurement and Technology Development* (New York: Oxford University Press, 2006), 75–77; John A. Alic et al., *Beyond Spinoff: Military and Commercial Technologies in a Changing World* (Boston: Harvard Business School, 1992), 69.
24. Lewis Strauss, speech to the National Association of Science Writers, 1954.
25. Dwight D. Eisenhower, "Atoms for Peace," speech to the UN General Assembly, New York, December 8, 1953.
26. Ruttan, *Is War Necessary for Economic Growth*, 55–57; Alic et al., *Beyond Spinoff*, 60.
27. 次の資料を参照。Almarin Philips, *Technology and Market Structure: A Study of the Aircraft Industry* (Lexington, MA: Heath Lexington Books, 1971), 32.
28. Alic et al., *Beyond Spinoff*, 60.

29. この点は今は変わりつつあるのかもしれない。次の資料に以下の見解が示されている。Ben Thompson, "Venture Capital and the Internet's Impact," Stratechery (October 14, 2015), https://stratechery.com/2015/venture-capital-and-the-internets-impact/.「企業はAWSのリソースを従量課金で利用するので、基本的には一銭もかけず、余暇を使ってまったく新しいアプリを開発することも可能である。あるいは、本腰を入れてやりたいのだとしても、創業者にかかるコストは放棄した自分の給料と、最低限の存続力をもったプロダクトを世に出すために必要と考える人材を雇う費用のみ。新しいアイデアを構築するにあたり、かつては数百万ドルかかっていたが、今はそれが数十万ドル(前半)になったというわけだ……」
30. Jay Stowsky, "Competing with the Pentagon," *World Policy Journal* 3, no. 4 (Fall 1986): 697–721.
31. US Federal Trade Commission, Bureau of Economics, *Staff Report on the Semiconductor Industry*, January 1977, p. 97. 次の資料も参照。Jay Stowsky, *Beating Our Ploughshares into Double-Edged Swords: The Impact of Pentagon Policies on the Commercialization of Advanced Technologies*, BRIE Working Paper 17. 1986年4月にカリフォルニア大学バークレー校国際経済研究所で提示された。
32. National Research Council, *Funding a Revolution: Government Support for Computing* (Washington, DC: National Academies Press, 1999), 148.
33. Ibid., 86.
34. MIT Lincoln Labs, "The SAGE Air Defense System," https://www.ll.mit.edu/about/History/SAGEairdefensesystem.html.
35. David C. Mowery, "The Computer Software Industry," in *Sources of Industrial Leadership: Studies in Seven Industries*, ed. David C. Mowery and Richard R. Nelson (New York: Cambridge University Press, 1999).
36. プロックスマイアは、国民の税金の無駄遣いだと彼が考えるプロジェクトに授与する「ゴールデン・フリース・アワード」という賞を設立した。
37. National Science Foundation, "The Launch of NSFNET," *America's Investment in the Future*, https://www.nsf.gov/about/history/nsf0050/internet/launch.htm.
38. Mariana Mazzucato, *The Entrepreneurial State: Debunking Public vs. Private Sector Myths* (London: Anthem Press, 2013), chapter 5〔邦訳　マリアナ・マッツカート『企業家としての国家　イノベーション力で官は民に劣るという神話』大村昭人訳、薬事日報社、2015年〕
39. Ibid., 64–67.

第4章

1. マーティン・ウルフが、2015年10月11日に、本書著者らとの個人的な会話でこれを明かした。さらにウルフは次のように語っている。「そしてアメリカは今、開発主義国家のことなどすっかり忘れた徒党によって牛耳られている」。
2. 次の資料を参照。James Fallows (1994), *Looking at the Sun: The Rise of the New East Asian Economic and Political System* (New York: Vintage, 1994). 出版は20年前だが、アメリカ以

外で展開された開発モデルの長い歴史を知るにあたり、最高の導入となる1冊。本書著者らは同著の内容すべてに賛同するわけではないが、20年前に書かれた世界経済に関する本で、現在でもこれほど読んで役に立つ本は存在しないと言ってもいい。

3. こうした発想で経済発展を語る分野で古典的著書と言えば、Albert Hirschman, *The Strategy of Economic Development* (New Haven, CT: Yale University Press: 1958)〔邦訳　アルバート・O. ハーシュマン『経済発展の戦略』麻田四郎訳、巌松堂出版、1961年〕

4. J. Bradford DeLong, "Comment on 'Can Domestic Expansionary Policy Succeed in a Globally Integrated Environment?'" in Dean Baker, Gerald Epstein, and Robert Pollin, eds., *Globalization and Progressive Economic Policy* (Cambridge: Cambridge University Press, 1997).

5. ハミルトン流の開発主義国家政策がどのように惨憺たる失敗をもたらすか、という批判的見解の基準と言える資料は、Carlos Diaz-Alejandro (1970), *Essays on the Economic History of the Argentine Republic* (New Haven: Yale Economic Growth Center, 1970). これも古い資料だが――出版はほぼ50年前だ――現代でも読むに堪える、そしてこのテーマについて多くを教える書籍である。

6. Karl Marx, *Capital: A Critique of Political Economy* vol. I, 1867, https://www.marxists.org/archive/marx/works/1867-c1/p1.htm. この引用を含む論旨は、「なぜイギリスに関する本など読まねばならないのだ」と言うドイツの批判派の声を一蹴する文脈で書かれた。「ドイツの読者が……顔をしかめたり……するとすれば、私は彼に向って叫ばずにはいられない、ひとごとではないのだぞ！と。資本主義的生産の自然法則から生ずる社会的な敵対関係の発展度の高低が、それ自体として問題になるのではない。この法則そのもの、鉄の必然性をもって自分をつらぬくこの傾向、これが問題なのである。産業の発展のより高い国は、その発展のより低い国に、ただこの国自身の未来の姿を示しているだけである」〔邦訳　カール・マルクス『資本論』岡崎次郎訳、大月書店、2000年。上記引用も同翻訳を使用した〕。

7. 経済学者ポール・ローマーは、事実上キャリアのすべてを、これらの疑問に投じている。ローマーのウェブサイト http://paulromer.net では、経済理論および経済学者の理論は成長とイノベーションについて何を語るべきか、深い考察と出会うことができる。

8. ローレンス・サマーズのもと世界銀行が1993年に発行したレポートが、東アジアの奇跡について力説した。次の資料を参照。World Bank, *The East Asian Miracle: Economic Growth and Public Policy* (Oxford: Oxford University Press, 1993)〔邦訳　世界銀行『東アジアの奇跡　経済成長と政府の役割』白鳥正喜監訳、海外経済協力基金／開発経済問題研究会訳、東洋経済新報社、1993年〕

9. Dale Jorgensen and Koji Nomura, "The Industry Origins of the U.S.-Japan Productivity Gap," *Economic Systems Research* 19, no. 3 (2007): 315–412.

10. 次の資料を参照。John Tang, "Fukoku Kyohei: Evaluating the Impact of Public Investment in Meiji Japan" (Canberra: Australian National University, 2011).「富国強兵」は日本政府が明治維新において掲げた方針。「尊王攘夷」に代わる考え。

11. 少なくとも、本書著者ふたりのうちひとりは、ポール・クルーグマンが1990年代後半から主張している「ケインズが言う不況が一世代にわたって続いている」という

解釈を魅力的に感じるが、そこに惹かれる理由は理性的な判断や知識によるものではなく、理論としての知的誠実さによるものではないかと思っている。次の資料を参　照。Paul Krugman (1998), "It's Baaaack: Japan's Slump and the Return of the Liquidity Trap," *Brookings Papers on Economic Activity* 2 (1998): 137–205.

12. Data on sectoral trade from OECD *Trade by Commodities*, 1990, 1991, and 1992.
13. この点は1980年代なかばの時点で、ポール・クルーグマンが指摘している。次の資料を参照。Paul Krugman, *Exchange Rate Instability* (Cambridge: MIT Press: 1988)〔邦訳 ポール・R. クルーグマン『為替レートの謎を解く』伊藤隆敏訳、東洋経済新報社、1990年〕
14. Commissariat General du Plan, *Rapport sur les Investissements Internationaux*, April 1992.
15. Michael Gerlach, "Keiretsu Organization in the Japanese Economy," *Politics and Productivity: How Japan's Development Strategy Works*, ed. Chalmers Johnson, Laura D'Andrea Tyson, and John Zysman (New York: HarperBusiness, 1989), chapter 4.
16. OECD, *Economic Outlook* no. 40, December 1986.
17. Paul Krugman, "Is Free Trade Passé?" *Journal of Economic Perspectives* 1, no. 2 (Fall 1987): 131–144.
18. マルクス・トゥッリウス・キケロが、ティトゥス・ポンポニウス・アッティクスに語った。次の資料を参照。Eric Gruen, *The Last Generation of the Roman Republic* (Berkeley: University of California Press, 1995).
19. Krugman, "Is Free Trade Passé?"
20. 国際通貨基金（IMF）によれば、1990年の成長は36%、1995年は42%、2005年も42%、そして2011年は48.4%。次の資料を参照。world-economic-outlook.findthedata.com/.
21. Angus Maddison, *Chinese Economic Performance in the Long Run* (Paris: OECD Development Center, 1998), table 3.13. 中国の改革に向けた手探りと、並行二重価格設定についての分析では、以下が初期の、そしてもっとも優れた書籍の一つである。Barry Naughton, *Growing Out of the Plan: Chinese Economic Reform, 1978–1993* (Cambridge: Cambridge University Press, 1995).
22. Robert Koopman, Zhi Wang, Shang-Jin Wei ("How Much of Chinese Exports Is Really Made in China? Assessing Domestic Value-Added When Processing Trade Is Pervasive," NBER Working Paper no. 14109 [Washington, DC: National Bureau of Economic Research, June 2008]). この書籍は中国の輸出における中国のシェアが約60%に上昇していると推算している。Hiau Looi Kee and Heiwai Tang, ("Domestic Value Added in Chinese Exports," World Bank External Seminars, December 2011) は、その数字が2000年に50%だったのに対し、2006年の時点で62%になったとする。最近の考察では、C. Johnson and Guillermo Noguera, in a later effort ("The Value-Added Content of Trade," *VOX, CEPR's Policy Portal*, June 7, 2011, http://www.voxeu.org/article/value-added-content-trade-new-insights-us-china-imbalance) が、当然ながら異なる計算方法を通じて、中国で製造される輸出品に対して中国が付加する価値は40%と出している。興味深いことに、アメリカの製造品輸出については49%、ドイツは47%という推算だ。彼らが継続しておこなっているこの研究の最新版 ("Accounting for Intermediates: Production Sharing and Trade in Value Added,"

Journal of International Economics 86, no. 2［March 2012］: 224-236）の冒頭では、米中貿易赤字は付加価値の取引と考えて「30-40%」ほど割り引いてみるべきだと主張している。

23. ハイテク製品の輸出に対する中国の付加価値は、全体で今のところ15%と推計されている。Edward C. Prescott, Ellen R. McGrattan, and Thomas J. Holmes, in "Technology Capital Transfer," Working Paper 687（Minneapolis, MN: Federal Reserve Bank of Minneapolis, revised November 3, 2011）が15%との推計を示した。同レポートは、アメリカのハイテク輸出に対するアメリカの付加価値を30%と見ている。
24. Alan MacPherson and David Pritchard, "The International Decentralisation of US Commercial Aircraft Production: Implications for US Employment and Trade," *Futures* 35, no. 3（April 2003）: 221-238.
25. OECD, Trade in Value Added Data Base.
26. ウェイン・M・モリソンは、この割合はちょうど50%を超えたと考察している（*China's Economic Conditions*, Congressional Research Service Report 7-5700, June 26, 2012, figure 6）。*China Daily*, June 30, 2006 は、中国の輸出企業上位200社のうち70%は外資企業だと報じた。
27. 高速鉄道技術に対する中国の拝借行為については、次の資料を参照。Jamil Anderlini and Mure Dickie, "China: A Future on Track," *Financial Times*, September 23, 2010. より全般的な技術移転については次の資料を参照。US International Trade Commission, *China: Intellectual Property Infringement, Indigenous Innovation Policies, and Frameworks for Measuring the Effects on the U.S. Economy*, USITC Publication #4199, 2010, http://www.usitc.gov/publications/332/pub4199.pdf. また次の資料も参照。Prescott, McGrattan, and Holmes, "Technology Capital Transfer." 2010年度版『中国科技統計年鑑』の表5.1（"China Technology Up-grading"）に見られる奇妙な統計数値では、研究開発に対するインハウス支出の伸びが2000年から2009年で25%、外国技術の吸収に対する支出が26%、そして外国技術の獲得に対する支出はわずか4%となっている。このデータカテゴリーがどのように作られているのかわからないが、好奇心をそそられるデータである。
28. ローウェルがニューイングランドに根づかせた繊維産業については、次の資料を参照。Carol Berkin et al., *Making America: A History of the United States*, vol. 1（Boston: Wadsworth, 2007）, chapter 9（especially p. 256）. 18世紀にフランス人スパイが磁器の製法の秘密を学びとったエピソードについては、次の資料を参照。John Harris, *Industrial Espionage and Technology Transfer: Britain and France in the Eighteenth Century*（Aldershot, UK: Ashgate Press, 1998）.
29. Eric Ng, "Overcapacity Plagues Aluminium Sector," *South China Morning Post*, August 19, 2013.
30. Danny Hakim, "Aboard a Cargo Colossus," *New York Times*, October 5, 2014.
31. Ibid. 次の資料も参照。Keith Bradsher, "Trade Issues with China Flare Anew," *New York Times,* March 21, 2012.
32. ある中国メーカーの経営者が、自社の成功についてアメリカのメディアに語ったところによると、生産品の95%は輸出用で、土地は市当局から市場価格の3分の1で

譲り受けたのだという。また、市当局が銀行から低コストのローンを手配し、地方政府との連携のもと利息のほとんどを支払っている。このエピソードは例外的ではない。渦中にいる者がざっくばらんに話せるという点が異例なのだが。次の資料を参照。Bradsher, "Trade Issues with China Flare Anew," and "Solar Tariffs Upheld, but May Not Help in U.S.," *New York Times*, November 8, 2012. 自由資本の過剰供給で信用度の低い外国債を7億ドル買い集めた太陽光発電機器メーカーのサンテックについては、次の資料に書かれている。Keith Bradsher, "Suntech, Owing Millions, Faces a Takeover," *New York Times*, March 14, 2013; Clifford Krauss and Keith Bradsher, "China's Global Ambitions, with Loans and Strings Attached," *New York Times*, July 25, 2014; and Diane Cardwell and Keith Bradsher, "Solar Industry Is Rebalanced by U.S. Pressure on China," *New York Times*, July 25, 2014.

33. マイケル・ペティスは、この見解を早期から緻密に、そして先頭に立って主張している。彼の著書 *Avoiding the Fall: China's Economic Restructuring*（Washington, DC: Carnegie Endowment for International Peace, 2013）とブログ *Michael Pettis' China Financial Markets*（http://blog.mpettis.com/）を参照。Guilhem Fabre, *The Lion's Share: What's Behind China's Economic Slowdown*, FMSH-WP-2013, October 2013, https://halshs.archives-ouvertes.fr/halshs-00874077 は、短い紙面で多くの問題をはっきりと取り上げている。引用は次の資料から。Nicholas R. Lardy and Nicholas Borst, *A Blueprint for Rebalancing the Chinese Economy*, Policy Brief PB13–02, Peterson Institute for International Economics, http://www.iie.com/publications/pb/pb13–2.pdf.
34. Reuters, 4/4/13. Since 2013 the gap has widened significantly, http://www.reuters.com/article/2013/04/04/economy-mexico-wages-idUSL2N0CR1TY20130404#WR1mLZ417sVA1495.97.
35. Peking University study reported by AFP, July 26, 2014, www.ndtv.com/world-news/china wealth-report-594378.
36. 次の資料で指摘している。Lant Pritchett and Lawrence H. Summers, "Growth Slowdowns: Middle-Income Trap vs. Regression to the Mean," *VOX, CEPR's Policy Portal*, December 11, 2014, http://www.voxeu.org/article/growth-slowdowns-middle-income-trap-vs-regression-mean. 次の資料も参照。Lant Pritchett and Lawrence H. Summers, "Asiaphoria Meets Regression to the Mean" NBER Working Paper No. 20573, October 2014.

第5章

1. Martin Wolf, "Lunch with the FT: Ben Bernanke," *Financial Times*, October 23, 2015, http://www.ft.com/intl/cms/s/0/0c07ba88–7822–11e5-a95a-27d368e1ddf7.html.
2. Philippon and Reshef, "An International Look at the Growth of Modern Finance."
3. Dave Kansas and David Weidner, "Volcker Praises the ATM, Blasts Finance Execs, Experts," *Wall Street Journal*（December 8, 2009）,http://blogs.wsj.com/marketbeat/2009/12/08/volcker-praises-the-atm-blasts-finance-execs-experts/.
4. "Jack Bogle Explains How the Index Fund Won with Investors," *CNN Money*, July 27, 2015, http://time.com/money/3956351/jack-bogle-index-fund/.

5. 公益団体の慎重なファンド管理に関する統一州法について、ウェブサイト www.upmifa.org を参照。
6. Thomas Piketty and Gabriel Zucman, "Capital Is Back!: Wealth-to-Income Ratios in Rich Countries, 1700–2010" (Paris: Paris School of Economics, 2013), http://piketty.pse.ens.fr/files/PikettyZucman2013WP.pdf.
7. Neil Irwin, "Wall Street Is Back, Almost as Big as Ever" *New York Times*, May 19, 2015, http://www.nytimes.com/2015/05/19/upshot/wall-street-is-back-almost-as-big-as-ever.html.
8. Robert Manning, testimony to NY State Senate committee on Banks, 16 April, 2007, 10.
9. Philippon, "Finance vs. Wal-Mart."
10. George A. Akerlof and Robert J. Shiller, *Phishing for Phools: The Economics of Deception and Manipulation* (Princeton, NJ: Princeton University Press, 2015).
11. Philippon, "Finance vs. Wal-Mart."
12. 次の資料を参照。L. Randall Wray, *Minsky Crisis* (Annandale-on-Hudson, NY: Bard College, 2011). 次の資料に言及している。Hyman P. Minsky, *Stabilizing an Unstable Economy* (New Haven, CT: Yale University Press, 1986)〔邦訳　ハイマン・ミンスキー『金融不安定性の経済学　歴史・理論・政策』吉野紀／内田和男／浅田統一郎訳、多賀出版、1989年〕
13. Ronald Reagan, Broadcast (August 12, 1986) https://www.youtube.comwatch?v=xhYJS80MgYA&ab_channel=01101010charles.
14. Simon Johnson, "The Quiet Coup," *The Atlantic*, May 2009, http://www.theatlantic.com/magazine/archive/2009/05/the-quiet-coup/307364/.
15. Burton Malkiel, *A Random Walk Down Wall Street: The Time-Tested Strategy for Successful Investing* (New York: W.W. Norton, 2015)〔邦訳　バートン・マルキール『ウォール街のランダム・ウォーカー〈原著第11版〉　株式投資の不滅の真理』井手正介訳、日本経済新聞出版社、2016年〕
16. Stephen G. Cecchetti and Enisse Kharroubi, "Why Does Financial Sector Growth Crowd Out Real Economic Growth?" Working Paper no. 490 (Basel: Bank for International Settlements, February 2015), http://www.bis.org/publ/work490.pdf.
17. Ibid.
18. Joshua Aizenman, Yothin Jinjarak, and Donghyun Park, "Financial Development and Output Growth," *VOX, CEPR's Policy Portal,* February 14, 2015, http://www.voxeu.org/article/financial-development-and-output-growth-evidence-east-asia-and-latin-america.
19. Barry Eichengreen, "Financial Crisis: Revisiting the Banking Rules That Died by a Thousand Small Cuts," *Fortune,* January 16, 2015, http://fortune.com/2015/01/16/financial-crisis-bank-regulation/.
20. 類似のプロセスは2008年にアイスランドで起きた。次の資料を参照。Friðrik Már Baldursson and Richard Portes, "Gambling for Resurrection in Iceland," January 6, 2014, *VOX, CEPR's Policy Portal*, http://www.voxeu.org/article/gambling-resurrection-iceland.
21. William K. Black, *The Best Way to Rob a Bank Is to Own One* (Austin: University of Texas Press, 2005).

22. Milton Friedman and Anna Jacobson Schwartz, *A Monetary History of the United States, 1857–1960* (Princeton, NJ: Princeton University Press, 1971).

おわりに

1. 次の資料を参照。Jonathan Rauch, *Demosclerosis: The Silent Killer of American Government* (New York: Three Rivers Press, 1995).
2. John Maynard Keynes, "The End of Laissez-Faire" (London: Hogarth Press, 1926)〔邦訳　J・M. ケインズ「自由放任の終わり」『ケインズ説得論集』山岡洋一訳、日本経済新聞出版社、2010年〕
3. Daniel Bell, *The End of Ideology: On the Exhaustion of Political Ideas in the Fifties* (Cambridge, MA: Harvard University Press, 1960)〔邦訳　ダニエル・ベル『イデオロギーの終焉——1950年代における政治思想の涸渇について』岡田直之訳、東京創元新社、1969年〕
4. Keynes, "The End of Laissez-Faire"〔邦訳　同上〕
5. Ibid.

著者略歴

(Stephen S. Cohen)

カリフォルニア大学バークレー校国際経済研究所（Berkeley Roundtable on the International Economy）名誉教授，共同所長．ニューヨーク大学ワグナー公共サービス大学院客員研究　員．著　書 The End of Influence: What Happens When Other Countries Have the Money（Basic Books, 2010, デロングとの共著）

(J. Bradford DeLong)

カリフォルニア大学バークレー校経済学教授．クリントン政権下で財務省副次官補を務めた．全米経済研究所リサーチ・アソシエート．ブログ radford-delong.com: Grasping Reality with Both Hands（http://delong.typepad.com/）．米屈指の経済ブロガー．

訳者略歴

上原裕美子〈うえはら・ゆみこ〉翻訳者．訳書 デスーザ他『「無知」の技法 Not Knowing』（日本実業出版社，2015）バーグマン他『反転授業』（オデッセイコミュニケーションズ，2014）パートノイ『すべては「先送り」でうまくいく』（ダイヤモンド社，2013）ほか．

スティーヴン・S・コーエン
J・ブラッドフォード・デロング
アメリカ経済政策入門
建国から現在まで
上原裕美子訳

2017年3月1日　印刷
2017年3月10日　発行

発行所　株式会社 みすず書房
〒113-0033 東京都文京区本郷5丁目32-21
電話 03-3814-0131(営業) 03-3815-9181(編集)
http://www.msz.co.jp

本文組版　キャップス
本文印刷所　萩原印刷
扉・表紙・カバー印刷所　リヒトプランニング
製本所　東京美術紙工

ISBN 978-4-622-08583-6
［アメリカけいざいせいさくにゅうもん］

イラク戦争のアメリカ	G.パッカー 豊田英子訳	4200
イラク戦争は民主主義をもたらしたのか	T.ドッジ 山岡由美訳 山尾大解説	3600
移ろう中東、変わる日本 2012-2015	酒井啓子	3400
動くものはすべて殺せ アメリカ兵はベトナムで何をしたか	N.タース 布施由紀子訳	3800
ザ・ピープル イギリス労働者階級の盛衰	S.トッド 近藤康裕訳	6800
中国安全保障全史 万里の長城と無人の要塞	A. J. ネイサン／A. スコベル 河野純治訳	4600
北朝鮮の核心 そのロジックと国際社会の課題	A.ランコフ 山岡由美訳 李鍾元解説	4600
日本の200年 新版 上・下 徳川時代から現代まで	A.ゴードン 森谷文昭訳	上 3600 下 3800

（価格は税別です）

みすず書房